# LES
# COINS DE PARIS

## PAR
## LÉON CHAPRON

PARIS
E. DENTU, ÉDITEUR
LIBRAIRE DE LA SOCIÉTÉ DES GENS DE LETTRES
PALAIS ROYAL, 15-17-19, GALERIE D'ORLÉANS

LES

# COINS DE PARIS

# LES
# COINS DE PARIS

PAR

Léon CHAPRON

PARIS

E. DENTU, ÉDITEUR

LIBRAIRE DE LA SOCIÉTÉ DES GENS DE LETTRES

PALAIS-ROYAL, 15-17-19, GALERIE D'ORLÉANS

—

1881

Tous droits réservés

# LES COINS DE PARIS

## LA MORT D'UNE COCODETTE

Tous les journaux ont parlé, l'autre jour, du crime commis à Nice, sous la rubrique : « Le drame de la rue de Beaulieu. » La comtesse Laure Erdeudy de Kerdeck, grande, blonde, belle, âgée de trente-deux ans, d'une vieille famille hongroise, entretenait le signor Mastelloni, beau, vigoureux, brun, âgé de trente-quatre ans, d'une vieille famille italienne. Cette touchante union, fondée sans doute sur une estime réciproque, devait avoir un terme : la comtesse, un beau jour, ferma son cœur et sa bourse. Mastelloni, réduit au plus extrême dénuement, et désireux, comme tous les cœurs fiers, d'aller à Monaco chercher une passe de onze à la noire, se rendit chez la comtesse avec l'intention fermement arrêtée de lui extorquer une forte somme. Sournois et muni d'un revolver, il pénétra dans une pièce où se trouvait M$^{me}$ de Kerdeck. Quelques minutes après, une double détonation retentit. La femme de chambre (personnage muet) se précipita et se heurta à deux cadavres. Ce couple intéressant avait vécu.

Que s'était-il passé? Je n'en sais rien du tout, mais je vais le raconter exactement. « Laure, s'écrie Mastelloni en entrant, j'ai besoin de dix mille francs! Vous êtes la seule femme qui puisse me venir en aide. Sauvez-moi du déshonneur. — Giuseppe (le prénom de M. Mastelloni étant demeuré inconnu, il ne me déplaît pas de l'appeler Giuseppe, pour rendre un respectueux hommage aux mânes de Bouchardy et d'Anicet Bourgeois), Giuseppe, je ne les ai pas, répond M$^{me}$ de Kerdeck avec un geste nerveux, saccadé. — Laure, je vous en supplie! — Sur la Madone, Giuseppe, je ne les ai pas. — Ah! vous ne m'aimez plus, Laure! » fait Mastelloni, dans une pose mélodramatique.

Ici se place, à n'en pas douter, une scène de jalousie rapide, fiévreuse, destinée à réveiller le vieil amour chez M$^{me}$ de Kerdeck. Le drôle a même dû hasarder un geste brutalement amoureux, semblable à celui qui, un jour de gêne sombre, rapporta cinq mille francs à Étienne Lousteau. La comtesse resta impassible.

« Je n'ai plus qu'à mourir, Laure ! » gémit Mastelloni. La comtesse, à laquelle cette ritournelle n'est pas inconnue, hausse les épaules et sourit. Alors Mastelloni sent la colère lui passer dans les cheveux et renonce à sa comédie froidement préméditée. Désespéré, voyant lui échapper cette femme qu'il a si longtemps dominée et exploitée à sa guise, il perd la tête, tue sa maîtresse d'un coup de revolver, et, se tirant le second coup dans la bouche, envoie au plafond sa cervelle de rufian.

Là-dessus, tous mes confrères de la presse parisienne et départementale lèvent vers le ciel des mains suppliantes et poussent sur le sort de la malheureuse comtesse de Kerdeck des lamentations sans fin. Je sais même une fort honnête dame, — pas au sens où l'entendait Brantôme — qui, en lisant le récit de notre correspondant de Nice, a senti dans ses fosses nasales des picotements insolites, avant-coureurs des larmes, et s'est mouchée avec un bruit de cornemuse. Peut-être une Providence marâtre m'a-t-elle mesuré parcimonieusement la sensibilité, et se fait-elle un jeu cruel de ne m'octroyer que rarement « cette douceur de pleurer », si chère aux poètes élégiaques. Toujours est-il que le récit de Théramène me touche beaucoup plus que cette sanglante aventure.

Ce serait n'être point un homme de ce siècle que de ne pas comprendre toutes les aberrations de la courtisane. La courtisane, que les anciens mettaient au neutre, par respect pour les matrones qui gardaient la maison et filaient la laine, est indiscutablement un être à part. Se vendre au premier venu, cher ou bon marché, est une industrie lucrative, mais évidemment singulière. Il doit y avoir des heures dures dans ce surprenant métier. Il serait donc puéril de s'étonner que les adorables personnes qui ont embrassé cette carrière avec une noble audace, cherchent le plus souvent dans de basses amours — qu'elles payent à leur tour en beaux deniers comptants — ce qu'elles considèrent comme un « repos, une excuse ou une consolation. »

Cette nostalgie de l'infâme, qui eût révolté l'âme généreuse de M. de Montyon, est d'une logique qui n'a rien de transcendant. Un enfant s'en rendrait compte, les yeux bandés. Une fille, qui a passé une partie de sa vie à détrousser trois ou quatre générations de viveurs, éprouve le besoin — l'heure venue où, sur les tempes, des ombres vagues annoncent la patte d'oie prochaine — de consacrer à un amour rédempteur ce qui lui reste d'une voix qui est légèrement brisée et d'une ardeur qui ne s'éteint pas du tout. C'est alors qu'apparaît le jeune-premier de Montmartre. Il y a des grâces d'état. Le jeune-premier de Montmartre venge d'un seul coup Paul qui est en Australie, Émilien qui s'est tué, Jules qui aurait une jolie fleur de lys sur l'épaule gauche sans la loi de 1832, et les autres. Il s'en va un beau matin, laissant la maison vide. Et, six mois après, la femme relevée par l'amour crève comme un chien dans un cabinet à dix francs par mois, service compris, à un cinquième étage de la rue Maubuée. Encore un coup, c'est simple et logique.

Je m'explique à merveille Coralie et Rubempré, Tullia et la Palférine; je ne m'explique pas le moins du monde Rastignac et M$^{me}$ de Nucingen. Il y a là un fait anormal qui échappe à mon humble entendement. Balzac a trop cherché, ce semble, le fameux singe qu'il y a dans toutes les femmes. Que la fille du père Goriot n'ait pas trouvé, dans le commerce quotidien de son tudesque époux, la réalisation de ses rêvasseries creuses de pensionnaire, rien de plus naturel. Qu'elle ait pris un amant, c'est affaire entre elle et son confesseur. Mais que, femme du monde, après tout, elle s'en soit allée dénicher, au fond du quartier Latin, afin de l'entretenir tout à son aise, un petit étudiant bien joli, bien râpé et bien ambitieux, c'est là le point où l'analyste s'arrête un peu interloqué. M$^{me}$ de Nucingen se conduit comme une simple habituée des Folies-Bergères.

L'héroïne du drame de la rue de Beaulieu, M$^{me}$ Laure Erdeudy de Kerdeck, est donc peu attendrissante. Elle a entretenu Mastelloni, tant qu'elle a aimé Mastelloni : le jour où Mastelloni a cessé de lui plaire, elle a fait son compte et estimé qu'il était grand temps de couper court à des dépenses sans motifs. Mastelloni, gentilhomme à la fois besoigneux et rageur, possédant d'ailleurs une situation acquise, laborieusement acquise peut-être, n'a pas entendu de cette oreille. Il a fait auprès de la comtesse Laure une suprême démarche. Cette démarche étant demeurée infructueuse, il a supprimé sa maîtresse désormais improductive, et, du même coup, est allé rejoindre là-haut les Mastelloni, ses aïeux.

Est-ce donc un drame de l'amour que cette effroyable scène de la rue de Beaulieu? Héloïse et Abeilard, Paul et Virginie, qui ont fait couler tant de larmes, seraient bien surpris de voir sur quelles étranges aventures nous jugeons convenable de nous apitoyer. Seul, l'abbé Prévost se frotterait les mains comme les caissiers dont parlent les reporters de théâtre. Mais Manon adore Des Grieux, direz-vous. Qui le nie? Elle l'adore à sa façon, dévalisant M. de B... pour enrichir son chevalier, ce chevalier que les gens mal élevés de ce temps-ci appelleraient d'un nom qui ne se doit point trouver sous une plume honnête. Mais Manon est une fille et n'est pas la comtesse de Kerdeck.

Chose bizarre! dans le même numéro où s'étalait complaisamment cette correspondance de Nice, il y avait quatre lignes annonçant la mort d'une ouvrière qui, après avoir perdu son mari qu'elle avait soigné avec un dévouement sans bornes, était restée seule auprès d'une petite fille de quatre mois. Elle avait, durant les nuits froides passées au chevet du malade, pris un mauvais rhume, bientôt changé en phtisie galopante. Elle en est morte. Personne n'a fait attention à ces quatre lignes. Et cependant, que de réelles souffrances et que de vrais sanglots il y a eu là !

Voyez-vous cette scène autrement poignante que ce drame de boue et de sang dont Mastelloni et Laure de Kerdeck ont été les tristes acteurs ?

Le mari, qui appartenait, celui-là, à la classe vraiment laborieuse, faisait vivre ce petit ménage. Après sa mort, il a fallu que la femme travaillât. A quel travail, mon Dieu ! Elle toussait. Pour parler la rude langue de ces gens-là, ça lui répondait dans le dos. » Elle se cramponnait follement à la vie, sans doute à cause du petit être qui dormait là avec des doigts bleuis et des lèvres sans sourire. Elle se traînait encore dans la chambre — la chambre des malheureux où règne cette horrible et muette tristesse des choses — *sunt lacrymæ rerum.* — Malgré tout, elle a dû s'aliter. Puis plus rien. Une voisine compatissante est venue peut-être près du berceau, pendant que la mère partait seule pour la fosse commune, seule, toute seule, puisque le chien légendaire de Charlet paye patente aujourd'hui.

Non, M^{me} de Kerdeck ne saurait nous émouvoir. Elle a donné lieu à un fait-divers curieux : rien de plus. Je souhaite que, à la minute suprême, cette cocodette infortunée ait eu comme une lueur de raison et de repentir, afin qu'elle puisse reposer en paix dans la vie supérieure et définitive : heureuse de ces jouissances pures auxquelles ne l'avait pas habituée ici-bas Mastelloni, et que connaîtra un jour l'âme désabusée de M^{lle} Adèle Courtois.

## UN NOBLE EXEMPLE

Chacun sait que le duc de Galliera, dont les journaux ont annoncé la mort dernièrement, se trouvait dans une situation de fortune qui le mettait à l'abri du besoin. On dit qu'il laisse une centaine de millions, défalcation faite de vingt-cinq millions légués à la ville de Gênes. Il est hors de doute que, malgré la cherté de la vie actuelle, cette somme constitue un patrimoine des plus honorables. Le duc de Galliera était un grand seigneur qui aimait le vrai luxe et protégeait les arts.

La galerie, les châteaux et les équipages du duc de Galliera étaient célèbres. La Camarde a été sans pitié. Le duc a dû quitter cette planète, qui n'est pas toujours une vallée de larmes et de misères, pour un monde que M. Louis Veuillot affirme sur sa parole d'honneur être de beaucoup préférable au nôtre. Il a fallu partir, et partir sans esprit de retour, loin de ces belles et élégantes choses qui peuvent inspirer un profond dédain à quelques rares philosophes, mais que les esprits vraiment pratiques tiennent en sérieuse estime.

Or — dussé-je étonner un grand nombre de boursiers et de bookmakers — un de ces rares philosophes s'est rencontré qui, se plaçant au-dessus de tous les appétits mondains, vient de donner un exemple de désintéressement auprès duquel les exemples tirés du *De viris* ne sont que d'archaïques platitudes. Le fils du duc de Galliera renonce à la succession de son père.

M. de Galliera est, paraît-il, professeur dans une institution libre, et touche là les quatre ou cinq mille francs nécessaires à la vie matérielle : il se contente du vivre et du couvert gagnés par le travail de chaque jour. J'avouerai, sans que la plus légère rougeur vienne colorer mon front, que je trouve cette conduite extraordinaire. A la place de M. de Galliera, j'aurais tout de suite planté là les horribles petits bonshommes confiés à mes soins paternels, et me serais rendu d'un pas singulièrement accéléré chez le notaire du coin, non sans avoir tout d'abord versé, comme il sied, quelques larmes pieuses. Sénèque, qui appartenait à la secte du Portique et professait un souverain mépris des richesses, a écrit sur ce thème des pages admirables que M. de Galliera a dû lire et relire souvent. M. de Galliera n'ignore pas plus que moi que cet austère philosophe, lequel doit le plus clair de sa réputation à son hémorragie finale, était un simple farceur qui spéculait comme un beau diable et faisait la fête quand Burrhus avait le dos tourné.

M. de Galliera, lui, est conséquent avec lui-même et met en pratique les principes que Sénèque se contentait d'exposer à Polybe et à Marcia. Estimant peu de chose les biens périssables de ce monde, il renonce purement et simplement aux cent millions de son père et poursuit, sans l'ombre d'un regret, son existence humble, laborieuse et digne.

Je connais depuis mon extrême enfance l'attitude d'Hippocrate refusant avec une barbe indignée les présents d'Artaxercès. Mais je ne vois pas bien quelle peut être l'attitude d'un jeune homme qui, habitant rue du Petit-Musc et vivant de privations, puisqu'il paraît qu'on n'en meurt pas, refuse cent millions qu'un tabellion lui apporte dans sa serviette. Ce doit être un beau spectacle. Je prierai Stevens, dont le pinceau ne recule devant aucune difficulté, de rêver cette composition-là et de la fixer sur la toile. La gravure répandra à profusion l'œuvre du maître, avec une légende moitié en français, moitié en espagnol. Nous la verrons partout, dans les châteaux et dans les chaumières, à la place de cette Geneviève de Brabant qui, entre nous, commence à vieillir. Quel enseignement!

Je crois avoir assez pratiqué mes contemporains pour être en mesure d'affirmer qu'aucun autre n'eût été capable de cette action héroïque. S'asseoir tout d'un coup sur un trône presque aussi doré que celui de Rothschild, quelle ivresse ! — Hier, je me débattais péniblement contre les inclémences de la vie. J'essayais, sans y réussir, d'équilibrer mon budget plus que modeste : donnant tant au malheureux alsacien-lorrain chargé de me vêtir, tant à ma pension bourgeoise (90 francs, sans le café), tant à mon concierge, et réservant le surplus pour des plaisirs qu'on a eu raison d'appeler *menus*. Aujourd'hui, par un coup de sifflet du machiniste, je me trouve jeté en pleine richesse et en plein luxe. Je puis avoir une quantité, même ridicule, de chevaux et de voitures; je puis espérer, sans être taxé d'une folle outrecuidance, qu'au Bois M^lle Fleur-de-Conserve daignera m'honorer d'un regard sympathique; je puis aller au cercle et ressusciter ce rubicon à cinq louis le point que jouait Khalil-Bey et par lequel cet homme d'État préludait aux labeurs et aux responsabilités de la vie publique. Quel conte des *Mille et une Nuits!*

M. Sari, impressario habile et homme aimable, a là sous la main un succès sans précédent, si M. de Galliera veut bien se prêter à la combinaison. M. de Galliera (ai-je besoin de dire que je suis persuadé qu'il abandonnerait son cachet à la ville de Gênes?) émergerait subitement d'une trappe, vêtu d'un maillot sombre. L'étoile de la maison, une grande blonde, toute en mouvement, à peu près semblable à une sauterelle épileptique, s'approcherait de lui sur la pointe de l'orteil. De la main gauche, elle lui montrerait un bon de cent millions sur la Banque de France ; de la main droite, elle lui indiquerait le fond de la scène où, derrière une gaze, se tiendraient les intéressantes jeunes filles composant le corps de ballet, groupées avec art et de façon à représenter ce que Scribe appelle « tous les plaisirs de la vie ». Pendant ce temps, M. Olivier Métra jouerait, après une introduction démesurément longue, mais bien justifiée par le côté tendu de la situation, une valse qu'il intitulerait : *Volupté*.

D'un mouvement sec, M. de Galliera repousserait la ballerine, et, reculant comme sous le coup de l'épouvante, ferait le geste d'un homme qui vient de se brûler le bout des doigts sur de la tôle chaude : ce qui signifie, au théâtre, qu'on conjure une effroyable vision.

La ballerine insisterait avec des jetés-battus multipliés. Peine perdue ! vains efforts ! M. de Galliera se précipiterait tout à coup sur une barre fixe et ferait un rétablissement des plus audacieux : exercice inattendu qui indiquerait aux moins clairvoyants que M. de Galliera ne veut devoir sa vie qu'à de rudes travaux. Quelle mimique ! quel succès !

J'ai assisté à des tours de force prodigieux. J'ai vu des pères, qui me semblaient comprendre la famille d'une bizarre façon, jongler avec des enfants en bas âge comme avec de simples boules. J'ai vu une dame, à peu près aussi nue qu'un ver, tenir suspendu entre ses dents (le triomphe des osanores!) un monsieur qui ne paraissait pas s'amuser le moins du monde. J'ai vu Delmonico, le grand Delmonico, échappé aux horreurs de l'esclavage, grâce à la loi provoquée par M. Crémieux, se venger sur une demi-douzaine de lions inoffensifs des souffrances endurées par ses pères. J'ai vu Mme Ghinassi, l'incomparable artiste qui a remplacé le Conservatoire par la cage de Bidel, s'avancer froidement au milieu des fauves. J'ai vu bien des choses étonnantes, en un mot. Oncques n'aurais vu un spectacle pareil.

Si M. Sari avait, par surcroît, l'idée aussi hardie qu'ingénieuse de faire promener M. de Galliera dans les couloirs, drapé dans un manteau rouge et suivi de deux huissiers à chaînette, comme autrefois l'homme tatoué, l'enthousiasme se changerait en délire. Toutes les dames qui sont incapables de refuser cinq louis (je me suis laissé conter par un viveur expérimenté que le nombre en était grand) viendraient contempler de près un homme capable de refuser cent millions. Je parierais pour mille représentations au moins. Pourrais-je réclamer des droits d'auteur?

Il était réservé à notre époque, si féconde en événements divers, de produire celui-là, le plus étonnant, peut-être, qui se puisse imaginer.

On me dit — est-ce vrai? — que M. de Galliera est socialiste. Appartient-il donc à l'école de Saint-Simon, si finement raillée par Louis Reybaud, où l'héritage était considéré comme une monstruosité antisociale ? Il est vrai de dire que le borgne inventeur de la doctrine saint-simonienne, tout descendant des comtes de Vermandois qu'il se vantait d'être, était pauvre comme la Turquie et n'avait pas grand mérite à formuler un principe aussi radicalement absolu. M. de Galliera suit-il les errements d'Étienne Cabet, l'amusant auteur du *Voyage en Icarie*? Il doit savoir alors que le père Cabet, après avoir emmené dans un coin de l'Amérique ses disciples auxquels il voulait enseigner la vie des premiers patriarches, se lassa un beau jour de cette existence grotesque, refusa de partager quoi que ce fût et n'eut que le temps de s'enfuir, non sans avoir reçu au préalable, sous la forme d'une volée de coups de triques, les bénédictions de ce peuple pasteur.—Encore un coup, M. de Galliera, lui du moins, est logique, impitoyablement logique. Il vient de donner un exemple très sérieusement beau, grandiose, presque surhumain.

## UN SOUVENIR

Ce n'est pas sans un serrement de cœur que j'ai assisté à la reprise des *Dragons de Villars*, à l'Opéra-Comique. Le sergent Belhamy m'a ému plus que je ne saurais le dire. Le sergent Belhamy, baryton de belle humeur, sera sans doute étonné de cet aveu inattendu. Cela est ainsi, pourtant. Pendant que les artistes chantaient cette musique franche, aimable, parfois pleine de je ne sais quel charme pénétrant et mélancolique, je me reportais par la pensée vers un temps déjà loin de nous. Je songeais à ce doux Aimé Maillart, qu'il m'a été donné de connaître juste au sortir du collège. Il était déjà, depuis longtemps, l'auteur applaudi de *la Croix de Marie*, de *Gastibelza*, des *Pécheurs de Catane*, de ces *Dragons de Villars* que je viens d'entendre. Il travaillait alors à *Lara*, son œuvre-maîtresse, à mon sens, où, au milieu de mélodies un peu trop faciles peut-être, éclatent en vingt endroits des accents qui attestent le compositeur de large envergure et qui auraient fait pleurnicher, comme un page amoureux, ce faux sceptique de Byron.

Il y avait, en Aimé Maillart, quelque chose de singulier. La première fois, je le pris pour un capitaine de cavalerie. Une moustache rude, une voix brève, un pantalon large aux hanches et tombant à petits plis sur la botte. « Je viens du Helder, » fit-il avec cette petite toux sèche qui, s'il faut en croire Stendhal, dénote l'habitude du commandement. « Vous êtes à la caserne d'Orsay, monsieur? » demandai-je, non sans quelque timidité. Il sourit. A ce moment Blavet intervint et nous présenta. Je regardai Aimé Maillart avec cette curiosité qui dilate les pupilles des tout jeunes gens en face d'un personnage connu, presque célèbre. Je l'examinai à la dérobée. Je ne puis dire ce qu'il y avait de réelle grandeur dans cette physionomie. Depuis le nez jusqu'au menton, tout était d'un sous-officier. Mais le front et les yeux portaient la marque géniale : il semblait que le haut de cette figure fut illuminé. L'homme était gai, enthousiaste et bon.

On me pardonnera de me mettre ainsi en scène.

Cette chronique est intitulée : « Un Souvenir. » C'est, en effet, un souvenir que j'évoque. Mon confrère Emile Blavet a été directement mêlé à cette simple histoire, laquelle est aussi une douloureuse histoire. Il n'a rien oublié de tout cela, j'imagine.

Un soir, deux ans après cette entrevue d'un instant, je rencontrai Maillart et Blavet. Il faisait faim, aurait dit Murger. Il était minuit. Nous montâmes chez Brébant. Il y a là, au premier étage, une petite salle où on soupe. Si je ne me trompe, j'étudiais encore le droit administratif sous la férule de M. Batbie : j'entends que j'étais à cet âge heureux où un souper est une fête. Aimé Maillart monta l'escalier d'un pas lourd, souffla avant de s'asseoir et se prit à regarder la nappe blanche d'un œil étrangement fixe. On commanda, quoi? Je ne me le rappelle plus. *Un coup de vent à la plénipotentiaire*, peut-être. Ces cartes de restaurant affectent un style étrange ! Tout à coup, deux femmes entrèrent. Je les vois encore. L'une, brune, au regard noir et net, les joues à demi couvertes de petits favoris, s'installa d'abord. Ayant une horreur profonde des dames qui se font un plaisir de porter toute leur barbe, je ne m'occupai point d'elle et jetai un coup d'œil sur sa compagne. Elle était blonde comme un cigare, celle-là, assez élégante, avec des yeux bleus, riant à dents blanches. Maillart tourna la tête, l'aperçut et devint très pâle.

Il se leva et alla à elle. Je ne sais quelles furent les premières paroles échangées entre eux. Aimé Maillart paraissait triste et parlait à cette blonde — une blonde que l'on connaissait, sans doute — presque entre les dents. Je remarquai alors que, depuis deux ans que je n'avais vu cet homme d'une si sérieuse valeur, un horrible changement s'était opéré en lui. Les joues étaient devenues creuses, hâves, agitées par instant d'un tic nerveux. Il y avait de la vieillesse précoce dans la commissure de ces lèvres pincées et exsangues. Puis ces mots, prononcés à voix haute et rauque, frappèrent mon oreille : « Tu sais, mon vieux, c'est à prendre ou à laisser! » La fille débattait son prix. Cinq minutes après, Maillart nous salua de la main, — un peu honteux, à ce qu'il me sembla — et disparut en compagnie de cette aimable demoiselle. La femme à barbe demeura seule.

Voici ce qui s'était passé.

Dix-huit mois avant la scène que je viens de tracer brièvement, Maillart, rentrant chez lui, par une assez sombre soirée d'automne, avait rencontré sur son chemin une jeune fille sanglotant comme une Madeleine. Il lui avait bonnement et naïvement demandé ce qu'elle avait. La jeune fille — une tête de vierge — lui avait conté ses peines. Elle s'était sauvée de chez ses parents : un père ivrogne, une mère infâme, un frère à cheveux plaqués sur les tempes. Elle voulait travailler et vivre honnêtement. Tout cela pouvait être vrai. En somme, tout cela était vrai. Aimé Maillart, célibataire, indépendant, maître de lui, avait dit à cette jeune fille, se sentant remué de pitié jusqu'au fond des entrailles : « Venez chez moi demain, nous causerons. » Puis, lui glissant dans les doigts une pièce d'or, il avait poursuivi sa route. Le lendemain, la jeune fille se présenta chez Maillart. « Mon enfant, fit Maillart, j'ai une vieille bonne qui ne m'est plus guère utile et que je garde un peu par charité. Vous m'intéressez vraiment. Entrez ici. Vous surveillerez ma petite maison, mais vous ne serez pas une servante. » Elle était restée.

Ce fut proprement un charme que cette liaison. Maillart travaillait, composait, était heureux. Un grand salon séparait la chambre du maestro de la chambre de la jeune fille. Tout était chaste entre ces deux êtres. Je sais des malins qui ne comprendront pas. Lui avait pris à cœur de former cette jeune âme. Ces poëtes sont fous ! Un soir, cette enfant de dix-huit ans, aux lèvres charnues et rouges, au sang chargé de fer, abattit sa tête sur la poitrine de Maillart, qui lui donnait le fraternel, je dirai le paternel baiser d'habitude, et murmura des mots inarticulés, il y avait du « Je t'adore ! » là-dedans. « On n'est pas en zinc, » disait Thomas Vireloque. Maillart devint l'amant de la jeune fille. Il rêva tendresse éternelle, confiance sans limite, dévouement absolu. Ne retrouve-t-on pas toujours du collégien dans l'homme qui aime ? Puis un beau jour, ainsi que cela devait arriver, il trouva sur son piano une lettre dont l'écriture le fit tressaillir. Il comprit avant d'avoir lu. C'était la lettre classique. La ravissante jeune fille, trouvant le logis monotone, avide d'ailleurs de mordre à tous les fruits défendus, avait le matin même fait un paquet de ses nippes et avait fui, au bras d'un perruquier ou d'un jeune-premier de Montmartre vers des contrées plus riantes. Ce fut une rude secousse.

Il ne savait ce qu'elle était devenue depuis cinq mois, quand il la rencontra dans ce restaurant de nuit. Nous apprîmes par la suite l'horrible langage qu'elle lui avait tenu. Elle lui avait exposé cyniquement, dans le style particulier aux filles, sa situation nouvelle. Elle n'avait pas de temps à perdre. Les affaires sont les affaires, après tout. Maillart l'emmena. Alors commença une vie atroce. Cet homme, d'une trempe si vigoureuse, nous parut comme frappé d'affolement. Il ne pouvait arracher de son cœur ce lâche amour, et ne possédait cette fille que les jours de fortune. Il ne travaillait plus. Il avait à peine jeté sur le papier quelques notes confuses qu'il s'arrêtait, allumait une cigarette et se prenait à rêver. C'en était fait ! L'inspiration avait fui pour toujours ce cerveau aux cordes desséchées et flétries. Il le sentait et en souffrait affreusement. Il assistait, témoin impuissant et désespéré, à la ruine de lui-même !

Je vivrais mille ans que je n'oublierais jamais l'effroyable scène que voici. Un jour, Blavet et moi allâmes le voir. « Je ne puis plus entreprendre une œuvre de longue haleine, avait-il dit tristement à Blavet. J'en ai conscience, hélas ! Mais fais-moi des romances. Je suis pardieu ! bien encore capable d'écrire tous les *Page, Ecuyer et*

*Capitaine du monde!* » Blavet apportait une romance. Maillart paraissait calme. Il lut la romance, la trouva à son goût, la plaça sur son pupitre et s'assit devant son piano. Blavet était debout, près de Maillart. C'était en octobre ; le jour baissait ; il y avait un coucher de soleil aussi pâle qu'un sourire de malade. J'ai toutes ces choses présentes à l'esprit comme si elles dataient d'hier. Maillart relut les deux premiers vers, chantonna *mezza voce* et laissa courir ses doigts sur les touches. Je ne sais quoi l'arrêta tout à coup. Il eut un mouvement très marqué. « Voyons, voyons! » fit-il entre haut et bas. Il recommença, s'interrompit encore ; puis saisissant le papier, il le déchira avec fureur et laissa tomber sa tête dans ses deux mains crispées. « Je ne peux pas! » murmura-t-il. Il y eut là une minute où on eût pu entendre les battements de nos cœurs. Maillart se leva avec effort. Dieu puissant! ce visage si noble, si bon, si ravagé hélas! était inondé de larmes! Le malheureux passa dans une autre pièce sans nous dire un mot. Nous partîmes.

Je ne l'ai plus revu. La guerre éclata quelque temps après. Le cher désespéré alla mourir dans un coin de province, chez un ami. Il mourut, comme dit Hugo, « en prononçant un nom dont nul ne se souvient, » ou du moins dont nul de nous ne veut se souvenir.

J'ai aperçu la fille ces jours-ci. Elle allait rapide,

le museau au vent, le sourire aux lèvres, faisant résonner sur l'asphalte de hauts talons cerclés de cuivre. Une belle fille, ma foi ! Elle a assassiné un homme et ne paraît pas le soupçonner une minute. Elle n'est point riche, à ce qu'il m'a semblé. Mais, qui sait ? un Russe peut passer par là. Si elle a le bon esprit de ne pas jeter les roubles aux quatre vents de sa fantaisie, elle amassera une fortune honorable. Elle mourra calme, souriante, ainsi qu'elle a vécu, entre deux draps de fine toile de Hollande, munie des sacrements de l'Eglise. Ce n'est plus sur le cadavre de ces drôlesses-là que travaillent aujourd'hui les carabins ! En vérité, je me demande si Sterne qui, lui aussi, se hâtait de rire de tout, aurait le courage, évoquant un pareil souvenir, de crier : « Vive la bagatelle ! »

## LA SAINT-CHARLEMAGNE

Je ne sais si les conditions que doivent remplir les *jeunes élèves* pour être admis aux honneurs de la Saint-Charlemagne sont demeurées les mêmes. *De mon temps*, pour parler comme un personnage célèbre de Sardou, il fallait avoir été ou premier une fois, ou second trois fois. Il en doit être ainsi, j'imagine, aujourd'hui encore. L'Université, la plus routinière institution du pays le plus routinier du monde, est tenace en ses traditions. Tout s'écroule, tout se réédifie, tout se transforme : l'Université, elle, fidèle aux légendes des temps évanouis, reste immuable. Le monde subirait la grande catastrophe que redoutaient les hommes de l'an 1000 ; les éléments s'évanouiraient au souffle de l'Antéchrist et retomberaient dans le néant ; rien ne serait plus de ce qui est, en un mot que, seule, au milieu de l'éternel éther, apparaîtrait une vieille dame au nez crochu et aux ongles noirs, tenant de sa dextre une énorme verge et de sa sénestre un exemplaire de Burnouf : l'Université. *Impavidam ferient...*

Si j'avais sous la main ce *Dictionnaire de la Conversation* qui fut si cher au pauvre Thimothée Trimm, je rappellerais, avec une grande montre de fausse érudition, les origines de la Saint-Charlemagne. A parler franc, je ne pense pas que ce soit l'empereur aux longs pieds qui ait créé cette petite fête. L'Université — tout de même que ces juifs enrichis et de noblesse récente, qui brûlent du désir de faire leurs preuves de 1399, — me paraît s'illusionner plus que de raison sur la vétusté de ses parchemins. Elle n'est pas d'aussi antique souche qu'elle le semble supposer, la prétentieuse. En plaçant l'institution de la Saint-Charlemagne à une époque infiniment plus rapprochée de nous, je me conformerai, je crois, à ce que l'acteur Dupuis appelle la *vérité historique*.

Vieille ou non, cette orgie de lycéens a le don de ne point passer inaperçue. Lorsqu'un honorable négociant de la rue des Bourdonnais peut annoncer à un voisin que son fils est admis à la Saint-Charlemagne, le voisin, si une providence marâtre a refusé cet honneur à sa famille, crève de dépit et fait une figure longue d'une aune : de quoi se réjouit outre mesure l'heureux père. Les mères — je ne raille pas, au moins — ont aussi à ce sujet, des orgueils tout à fait charmants. Elles cachent leur triomphe avec ce curieux instinct de dissimulation que les petites filles de cinq jours trouvent au berceau. « Votre Jules n'est pas sorti? » demande une amie. — « Nous ne le verrons qu'à trois heures », répond la mère dont le corsage se gonfle d'une émotion soudaine. » Puis après un temps : « Il est à la Saint-Charlemagne. » Et le soir, devant le foyer, s'épanchant dans le sein de son mari : « M$^{me}$ Balandart m'a demandé ce matin pourquoi notre Jules n'était pas sorti. Je lui ai répondu — tu sais, sans avoir l'air — qu'il était à la Saint-Charlemagne. Si tu avais vu la tête de M$^{me}$ Balandart! Le petit Balandart est si cancre! » Là-dessus, le mari se répand en sarcasmes multipliés sur l'avenir du jeune Balandart, un paresseux fini, qui *tournera mal* (eh! quoi! journaliste peut-être!) et fera probablement un jour la connaissance de l'intéressant M. Roch. Je ne les trouve point niaises, après tout, ces infiniment petites joies...

Ah! la Saint-Charlemagne! je vais sans doute bien étonner les lecteurs de ce livre : parole d'honneur, je n'ai pas manqué une seule de ces fêtes. Le vers latin était mon sauveur. Nous étions là une bande de gamins, hérissés de grec, de latin et de prétentions. Nous discutions sur toutes choses avec un aplomb inénarrable. Aucune question ne nous était étrangère. Et quelle morgue! quelle confiance en soi! Certes, celui-là nous aurait véhémentement surpris qui nous aurait affirmé que nous n'avions pas la science infuse. L'heureux âge où on a ce fol élan, où on ne se donne pas la peine de pulvériser les objections d'autrui, où on est ivre de savoir, où chacun se croit un saint Jean-Bouche-d'Or, où nul ne doute de rien ni de personne !

Bien sûr, ces agapes confraternelles — ainsi que s'exprime élégamment M. l'économe qui a fait ses comptes et qui, au fond, voit cette cérémonie d'assez mauvais œil — présentent aujourd'hui le même aspect qu'autrefois. Les *grands* sont agglomérés ensemble : c'est de là que jaillit la lumière. M. le proviseur, homme grave, cravaté de blanc et rasé de frais, est du côté des *grands*. Il tient en réserve, à tout hasard, quelques phrases émues qu'il a prononcées pour la première fois en 1844, au début de sa carrière, alors qu'il n'était encore que modeste *principal* d'un collège de troisième classe. Un grand se lève. C'est un rhétoricien de seconde année. On se presse, on se tait, on écoute. Quelques indisciplinés, que le champagne a mis en belle humeur, des gommeux de l'avenir, veulent faire tapage. Des *chut !* énergiques les rappellent à ce sentiment de dignité qui ne doit abandonner jamais des pochards de seize ans. Le silence s'établit.

Le rhétoricien de seconde année commence. C'est un finaud qui, le dimanche, est en intrigue réglée avec une petite cousine, et qui, à l'étude du soir, taquine sournoisement la muse. Il s'agit de vers français. Le rhétoricien est persuadé qu'il a enfanté un chef-d'œuvre. Néanmoins, il ne peut se défendre de cette vague émotion qui, parfois, saisit à la gorge les plus vieux orateurs et les comédiens les plus expérimentés. Il débute ainsi :

*Si vous voulez, amis, écouter un ancien...*

Là-dessus, digne élève de Ducis, il défile un chapelet de banalités douces. M. le censeur dodeline de la tête, en délicat qui sait goûter les choses de l'esprit. Des « très bien ! très bien ! » retentissent çà et là. Un tonnerre d'applaudissements accueille les derniers vers où le poète parle de la France (ces gaillards-là ne négligent pas le couplet chauvin); l'émotion est à son comble, comme disent les feuilles spéciales; le rhétoricien se rassied. Par une singulière prescience des pasquinades de la vie réelle, un camarade s'approche du triomphateur et lui donne une poignée de main longue et émue. C'est très curieux.

Puis — entre nous — est-ce aussi bête que ça ces joyeusetés de l'adolescence? Celui qui écrit ces lignes ne se rappelle pas sans une secrète satisfaction que *lui aussi a été peintre*. Ce qui signifie que, moi aussi — jadis — je suis monté sur une chaise, la pâleur au front, muni d'un papier qui tremblait dans ma main, et ai débuté par cet hexamètre, lequel n'est, en somme, que la traduction du vers français précité :

*Si quid apud vos longa valent stipendia, amici...*

Ma foi, dussé-je paraître aussi immodeste

qu'un vieux *travesti* d'opéra-bouffe, je ne ferai pas mystère que j'obtins un succès fort vif. J'avais au préalable montré la pièce de vers à mon professeur Dottain, le même qui vitupéra depuis les conservateurs dans le *Journal des Débats*. Dottain, avec ce langage dénué d'afféterie qui lui était propre, m'avait dit : « Çà se tient. Allez-y ! » J'y étais allé et, du même coup, j'étais allé « aux étoiles ». Malepeste ! l'Empereur (ceci est une date, hélas !) n'était pas mon maître ! *In petto*, je songeais que, depuis deux mille ans, on exaltait infiniment trop l'espagnol Lucain.

L'orgie terminée, la gent écolière se disperse. Les élèves de philosophie, qui, s'il faut en croire M. le proviseur, « boivent à la coupe des voluptés », se dirigent vers des rues mystérieuses. Car ils ont déjà, ces *ardents* de la dix-septième année, percé à jour le grand arcane, cet arcane dont la pensée seule met au cœur des élèves de troisième comme une précoce mélancolie. Eh ! oui, les mamans, ces choses-là sont ! Ils commencent à aimer et, partant, à souffrir, ces bambins. Dans la semaine, ils écrivent des lettres incendiaires que le lampiste — un mercenaire accessible à la séduction — jette à la poste. Le jeudi et le dimanche, ils sanglotent sur des genoux de femmes. Et quelles femmes ! Toutes les poésies, quoi donc ! Dumas l'a-t-il oublié ? « J'aimais follement, dit M. de Ryons. Je ne songeais plus ni à ma mère ni à ma sœur. Cette créature m'avait retourné le cœur et le cerveau. Ce que j'ai fait de vers pour elle, à la classe d'anglais! C'est charmant, ces premières amours! » « — Comment cela a-t-il fini? » demande l'interlocuteur. Lui, très calme : « Oh! tout naturellement. Elle m'a volé ma montre! »

Très réellement, je n'ai point, en ces lignes rapides, entendu me gausser de la vieille Saint-Charlemagne, dont je me souviens avec une véritable émotion. Dans quelques années la réalité montrera des aspects moins gais à ces tout jeunes gens. Qu'ils aillent donc et gardent le plus longtemps possible la robe prétexte! La robe virile se change souvent en tunique de Nessus, mes jeunes camarades. Jusque là, faites des vers latins et des vers français; *blaguez* le pion; chantez, en sablant le nectar de l'économe, « ces refrains de buveurs » que le pauvre Hégésippe Moreau regrettait si fort sur son grabat d'hôpital; adorez des filles de quatre sous; soyez fous et soyez heureux. Elle est si radieuse, cette heure fugitive où on ne voit encore que les séduisants fantômes qui gardent le seuil de la vie.

# BERRYER

« Le Poussin ! Quel nom je prononce ! » s'écrie Cousin, dans son merveilleux chapitre sur l'*Art au XVIIe siècle*. Le père Durand, un aimable professeur de rhétorique que n'a oublié aucun de mes contemporains, nous citait volontiers cette exclamation, jetée en tête d'un alinéa, comme un petit chef-d'œuvre de transition habile. J'avais grosse envie, bien que « la transition » n'eût rien à voir en l'affaire, de placer un mouvement de ce genre au début de ces lignes fugitives que le vent du boulevard emportera ce soir. Écrire le nom de Berryer au haut d'une humble chronique ! Il faut tout d'abord demander pardon de la liberté grande. Une sorte de silence solennel s'était fait autour de ce colosse, depuis dix ans. Mais voici que le petit-fils de Berryer, qui croit avoir à se plaindre de je ne sais quel mauvais vouloir administratif, remet en pleine lumière cette gigantesque figure. Il est bon de s'arrêter et de contempler respectueusement l'homme devant lequel s'inclinaient des souverains, qui tint, durant quarante années, la France suspendue à ses lèvres, qui fut, en un mot, une des plus pures gloires de ce siècle : l'avocat Pierre-Antoine Berryer.

Je l'ai vu et je l'ai encore devant les yeux. Berryer était petit. Une tête énorme. Des épaules larges et carrées, des épaules à la Vergniaud. Le front et les yeux étaient admirablement beaux. Le nez, à ailes mobiles, était aquilin et vigoureux. La voix, la plus belle et la plus harmonieuse qu'on entendra jamais, s'échappait de deux lèvres puissantes que faisaient tour à tour trembler la passion et l'ironie. Les mains étaient fortes, à stapules énergiques, un peu communes, avec ses poils sur les phalanges. Un athlète.

C'était aux jours printaniers de la première année de droit. Un camarade, qui depuis a fait son trou dans la vie publique, et moi, nous allâmes au Palais de Justice. Nous entrâmes à la troisième Chambre; Favre plaidait une séparation de corps, une affaire Battini contre Battini. J'ai toutes ces choses présentes à la mémoire. Inutile de dire que nous tombâmes en admiration. Tout ce que l'art du rhéteur a de complet et de fini, Favre le possédait à un degré rare. Je me souviens que le sieur Battini, qui était venu tout exprès pour entendre Favre, avocat de sa femme, lui dire un tas de petites choses désagréables, n'y put tenir, à un moment donné, et, cinglé par cette parole mordante, se prit à bondir et à pousser des ululements. De quel air magnifique

Favre demanda au président de faire respecter sa parole, je vous le laisse à penser !

Jules Favre finissait sa brillante plaidoirie, quand nous entendîmes un jeune porte-robe dire à un autre jeune porte-robe : « Viens-tu à la première ? C'est le moment. Berryer va répondre à Nicolet. » Nous y courûmes et nous trouvâmes le moyen de nous faufiler dans l'enceinte. Berryer venait de se lever, à la barre.

Il avait alors soixante-quinze ans. Il était droit et ferme, tel que je viens d'essayer de le dépeindre. Il s'agissait de l'affaire Montmorency. La lutte était chaude. Berryer avait en tête Nicolet, un avocat disert, élégant, plein de verve, d'un grand éclat de parole, mais à qui il manquait ce « je ne sais quoi qu'on ne saurait dire » pour être tout à fait un homme de premier plan. Berryer commença d'un ton un peu sourd. A plus d'une reprise, il se trompa de nom et s'embrouilla dans ses pièces. Quelle impression pénible ! Berryer, ce glorieux Berryer n'était-il donc plus qu'un vieillard à qui on faisait, en manière de charité, crédit d'un peu d'attention ? Puis, tout à coup, la voix s'éclaircit et eut des notes chaudes. Il sembla qu'un peu de flamme allait enfin jaillir de cette fumée. Un peu de flamme ! Mais ce fut une illumination ! La tête haute et les yeux demi clos, Berryer, abandonnant les petits côtés de la cause, raconta l'origine des Montmorency et la légende de Bouvines. Si je disais que l'assistance entière était pétrifiée, je me servirais évidemment d'une expression froide. Berryer continua, s'*emballa* et fut le stupéfiant Berryer des grands jours. Nous avions, sur l'honneur, des frissons dans les os. Non, jamais il ne me sera donné d'ouïr de plus mâles et de plus magnifiques accents.

Ce grand vieillard (il me parut avoir six pieds) n'était pas un orateur de premier ordre. C'était l'Éloquence faite homme.

A proprement parler, Berryer n'avait point une façon à lui. Au Palais comme au Parlement, les orateurs sont presque des spécialistes. Les uns ont la spécialité des mouvements oratoires qui enlèvent le jury ; les autres plaident à merveille les affaires de diffamation et ont la spécialité d'aiguiser leurs moindres phrases en pointes ; ceux-ci sont spécialement aptes à plaider « les contrefaçons » ou « les expropriations » ; ceux-là possèdent la spécialité de « donner la vie aux chiffres ». Que sais-je ! Berryer était tout.

On ne compte plus les grands drames judiciaires où il a plaidé en maître. Il excellait au civil. Maintes fois, à la Chambre, il a surpris M. Thiers, dans les questions de finances. On se rappelle au Palais un tout petit procès où Berryer eut un triomphe véritable. Un procès d'expropriation. Un vieux homme habitait un appartement grand comme un mouchoir de poche. La ville lui offrait une somme ridiculement minime. Il se trouva, d'aventure, que le vieux homme était un savant vrai, attaché à ce modeste appartement depuis près de cinquante années. Il espérait mourir entre ces murs amis. L'arracher de là, n'était-ce pas lui arracher quelque chose de lui-même ? Berryer saisit le procès, le plaida à ce point de vue, fit pleurer le jury et obtint cent mille francs.

Berryer était bien l'orateur, au sens des Anciens. Peu soucieux de la forme, il ébauchait à peine ses phrases. Il laissait aux sténographes le soin de « rebouter » ses périodes. « C'est affaire aux *gens de la presse !* » disait-il un peu bien dédaigneusement. Il débordait de logique et d'action.

On comprendra sans peine que je n'ai pas l'intention d'esquisser, en cette causerie rapide, la biographie de Berryer. Elle a été vingt fois faite.

Je m'explique difficilement la surprise que manifestent tous les biographes de Berryer. Ils ne comprennent pas ce que l'un d'entre eux, le plus autorisé, appelle « sa versatilité apparente ». Lorsque Berryer se fit adjoindre à son père et à Dupin aîné pour la défense du maréchal Ney, il n'avait pas vingt-six ans, ne s'ingérait guère de politique et venait en aide à une grande infortune. Plus tard, Berryer, tendant la main aux débris du Texas, luttant contre le vote censitaire, faisant tapage du suffrage universel, et ce au lendemain de la lettre fameuse de la duchesse de

Berry, est d'une inattaquable logique. Il fait tête à Louis-Philippe, l'ennemi commun. N'avons-nous pas sous les yeux des alliances autrement inexplicables? Tel nous le retrouvons, lui, un des *flétris* de Belgrave-Square, plaidant pour Louis-Napoléon Bonaparte. Les légitimistes, mus par une pensée généreuse, venaient cependant de lui donner quatre cent mille francs pour racheter cette chère terre d'Angerville que des créanciers mettaient en vente ! Louis-Napoléon Bonaparte était un allié de rencontre.

Ce serait là l'explication de ces versatilités apparentes, s'il n'en était une plus simple et, à ce qu'il me semble, plus vraie. Berryer était au-dessus de ces misérables tactiques de parti. Il allait tout droit à ceux qui avaient besoin de sa parole. Le chevaleresque et l'aventureux l'attiraient.

J'écris ces choses dans un journal foncièrement républicain. Et c'est en pleine République que l'on va élever la statue du grand orateur légitimiste. Cela est bon. Il convient que nous saluiions toutes nos gloires. Sans compter que la gloire de l'orateur est d'une pâte bien fragile. Je ne saurais la mieux comparer qu'à la gloire périssable du comédien. Il faut avoir vu de ses yeux et entendu de ses oreilles l'orateur lui-même ou le comédien lui-même : sans quoi on ne se peut faire de l'orateur ou du comédien qu'une idée imparfaite.

Les recueils de discours sont les plus trompeurs du monde, et, du reste, nous laissent froids. Voyez le recueil des plaidoiries de Chaix d'Est-Ange. Ce recueil-là a été publié par les mains pieuses de M. Rousse. Or, ce qui me charme le plus en cette œuvre, c'est la préface même de M. Rousse, laquelle est un morceau littéraire de haut goût. Par quel geste, par quel mimique, Chaix a-t-il forcé l'accusé, balbutiant et sanglotant, à avouer son crime ? Autant vaudrait demander de quelle intonation Talma, dans *Manlius*, prononçait le fameux : « Qu'en dis-tu ? »

Ils disparaissent et rien ne reste plus d'eux, qu'un nom. Leurs apostrophes célèbres, demeurées dans la mémoire des hommes, sont même sujettes à de malicieuses critiques. Pontécoulant et Boissy-d'Anglas n'ont-ils pas formellement nié, sous la Restauration, le « Allez dire à votre maître... » et ne l'ont-ils pas attribué au journaliste Prud'homme ? C'est toujours l'histoire du vieux Grec parlant à un jeune homme enthousiaste des Philippiques : « Ah ! si tu avais entendu rugir le lion lui-même ! »

Berryer était en bonté ce qu'il était en génie. Si l'espace ne m'était mesuré, je pourrais raconter ici des anecdotes qui conviendraient mieux au ton habituel de ces chroniques. Le géant était un tendre.

Tout le monde connaît ce trait charmant. Berryer fut un jour appelé en province. Le plaideur jouait gros jeu. C'était une grave question d'honneur qui était mise sur le tapis. « Monsieur, avait écrit le client, j'ai vingt mille francs de fortune. C'est le chiffre des honoraires que j'entends vous donner. Je suis un honnête homme calomnié effroyablement. Venez, je vous en supplie, et relevez-moi aux yeux de tous. J'ai bon courage et je recommencerai la vie. » Berryer arrive, se fait conter le cas, et, conformément aux us des gens de robe, empoche les vingt mille francs. J'ajouterai que le puissant orateur n'était point cousu d'or. C'était la veille de la vente d'Angerville. Berryer, qui s'était pris d'intérêt pour son client, plaide comme un Dieu. Le client sort du prétoire, à la face de toute une petite ville, plus blanc que neige. Il emmène Berryer chez lui. Une jeune fille, douce, belle et un peu grave, se jette au-devant de l'admirable avocat, et, incapable de proférer un mot, le regarde en pleurant. « Je viens de rendre service à votre père, mon enfant, dit Berryer. Voulez-vous me permettre de vous traiter en ami, en vieil ami ? Voici un petit portefeuille où il y a vingt mille francs. C'est votre dot. Une honnête jeune fille peut accepter une dot d'un vieillard. » Puis il dépose sur ce front pur un gros baiser bien chaste et se retire. — Il y a des jours où l'on est tenté de croire que l'humanité n'est pas pourrie !

Que de choses semblables à conter ! Ce serait, je crois, manquer de respect à cette grande ombre. Berryer n'aimait point qu'on parlât jamais de ses bonnes œuvres. Il avait là-dessus, ce colosse, des pudeurs féminines. Il est encore de par le monde de ces natures d'élite. Une âme noble cache ses exquises délicatesses — comme une religieuse cache ses cheveux.

## GOBSECK ET Cⁱᵉ

Il y a sous roche de gros procès d'usure. De certains personnages, impertinents et tranquilles, qui osent promener encore sur nos boulevards leur envahissante obésité, après des procès dont rougirait un rufian, vont de nouveau comparaître, à ce qu'on raconte, devant la police correctionnelle de leur pays. Il semble qu'il y ait là une épidémie. Tous les deux ans, l'usure souffle ainsi qu'un typhon. Surgit alors le procureur de la République, homme raide.

Là-dessus, les condamnations pleuvent comme des giboulées sur la tête des délinquants ; c'est bonne et saine justice. Le tribunal — outre les amendes, parfois énormes, qu'il prononce — ordonne de légitimes restitutions aux parties lésées. Il est vrai que notre justice chemine *pede claudo* et que, le plus souvent, la partie lésée, se trouvant dans l'impossibilité d'attendre les délais d'appel et de cassation, transige avec le condamné et se contente d'une restitution minime, mais immédiate. *Si j'étais gouvernement,* ainsi que s'exprime ma concierge, je crois que j'apporterais quelques modifications à un état de choses que nos législateurs trouvent sans doute tout naturel, puisqu'ils se gardent bien d'y rien changer, mais qui me paraît, à moi, reculer les limites de l'absurde.

L'usure n'est point un délit comme les autres. Si un capitaliste bienveillant prête à un monsieur gêné, après avoir scrupuleusement examiné les garanties offertes, une somme de dix mille francs, à la condition expresse que le monsieur gêné lui en rendra douze mille à échéance de quatre-vingt-dix jours — laquelle condition n'est point stipulée officiellement, mais résulte d'un bon billet à ordre généralement présenté par un tiers-porteur crasseux qui jure, sur le Dieu d'Abraham et de Jacob, que sa bonne foi ne saurait être un seul instant mise en doute — il n'y a pas là usure, au sens où l'entend la loi.

« Nous n'y pouvons rien, dit M. le président avec un sourire à la fois bienveillant et ironique. Deux mille francs d'intérêt, ça manque de gaieté. Nul ne le conteste. Mais votre cas est un fait isolé. Or, un fait isolé ne constitue pas l'usure. Tâchez de recommander à ce prêteur hyperbolique quelques-uns de vos meilleurs amis. Votre prêteur les traitera comme il vous a traité. Nous agirons alors sur la plainte d'un groupe. Jusque-là, à son vif regret, le tribunal doit rester insensible à vos lamentations. Tout ce qu'il peut faire pour vous, c'est de vous condamner à payer les frais de l'instance téméraire que vous avez soulevée. Sur ce, bien le bonjour. Une autre fois, revenez avec des camarades. Nous verrons. »

L'usure est, en effet, un délit d'habitude. Ce n'est que lorsque l'habitude est dûment constatée que le procureur de la République susindiqué intervient, réclamant enfin la sévère application de la loi.

L'usurier est alors condamné à une amende relativement considérable. Pendant huit jours, s'il s'agit d'un usurier qui *travaille* dans le grand, on parle de l'aventure depuis la Madeleine jusqu'à la rue Drouot. Après quoi, calme, souriant, n'ignorant pas que les coups de chapeau et les poignées de main lui reviendront à l'heure voulue, l'usurier, qui se sent fort de l'estime des huissiers, continue de paraître aux premières représentations et d'entretenir ostensiblement la grande Z..., des Bouffes. Le pouce du temps arrondit tout cela. Puis Bachaumont annonce un beau matin le mariage de la petite dernière de l'usurier. Cette jeune fille, qui par son nez trop aquilin atteste la fidélité conjugale de sa mère, épouse le descendant d'une vieille famille vendéenne, dont le nom est inscrit dans la salle des croisades, et qui se trouve réduit à la pénurie la plus dure. L'usurier désireux de bien faire les choses, se paye le premier ténor de Paris : Talazac chante à la messe. Quelques personnages influents ont déjà signé au contrat. Il n'est plus désormais de *déplacement* et de *villégiature* sans que le nom de la nouvelle marquise soit mentionné. Le beau-père du marquis, un bon brave homme sur lequel on a fait courir des bruits ridicules, est de toutes les fêtes. Nous allons bien.

Je viens de parler des usuriers de large envergure. Il y a, on le sait, la grande et petite bohème. La grande bohème, qui prend son verre de madère chez Tortoni, dîne au café Anglais et soupe à l'entre-sol de Bignon, regarde — du haut d'un ulster qu'a découpé le ciseau inspiré de Poole — la bohème humble qui *siffle* son absinthe panachée à la brasserie des Martyrs, dîne à une table d'hôte des boulevards extérieurs et soupe de charcuterie dans un bouge du faubourg Montmartre. Telle l'usure. L'usure a sa petite Pologne et sa haute gomme. Il est des *high-life* partout.

La grande usure est entre les mains de quelques gaillards dont il serait doux de pouvoir imprimer les noms en lettres rouges et majuscules. Je suis malheureusement persuadé que ces hauts barons du vol pousseraient des cris d'orfraie. Or, il y a encore dans notre code une loi de 1819 relative à la diffamation qui, quoique destinée à stupéfier nos petits-neveux, ne nous en condamne pas moins, à l'heure actuelle, à un silence aussi prudent que regrettable. Cette loi de 1819, petit chef-d'œuvre de tartuferie, met une sourdine à ma plume. Il en coûte cher, par la libre période où nous sommes, d'appeler un chat un chat et le gros X... un fripon.

Le type du petit usurier est plus agréable à l'œil de l'analyste. Il se tripote, dans les bas-fonds parisiens, des transactions inavouables que Balzac, avec son extraordinaire intuition, a plutôt devinées qu'il ne les a vues, et qu'il a résumées à larges traits, au début de la *Peau de chagrin*. Il n'est point de tournant de rue où on ne heurte Gobseck. Les jeunes gens le saluent et lui serrent la main. Car, la veille, au cercle, le Péruvien a eu la passe de douze. Le petit Gontran, qui appartient à une famille de magistrats à cheval sur les principes, a lui aussi un principe, lequel consiste à braver la passe de cinq par des masses successivement augmentées. Martingale infaillible! Or, que voulez-vous qu'elle fît, cette infaillible martingale, contre une série fantastique d'abatages? Qu'elle sautât, pardieu!

Le petit Gontran, « qui est dans la panade », se précipite chez Gobseck, lui demande des nouvelles de M$^{me}$ Gobseck et s'informe même, en prenant le style de la maison, de la santé de *leur demoiselle*. Gobseck, qui a un flair de chien de chasse, ne bronche pas et voit venir. L'intérêt visiblement affecté que le petit Gontran semble porter à la famille Gobseck laisse le chef de cette famille aussi froid qu'une épée. Il connaît le jeu et attend. Le petit Gontran se décide. Il lui faut trois cents louis. Gobseck bondit. L'argent se cache ; les relations du cabinet de Berlin et du cabinet de Saint-Pétersbourg sont tendues ; les capitalistes ont peur. Et mille racontars encore. La scène est connue.

L'ignoble comédie continue sur ce ton. Le petit Gontran, dont le père ressemble à un Mathieu Molé descendu de son cadre, devient humble, obséquieux, plat, répugnant. Enfin, Gobseck s'humanise. Il ne demande que dix louis de commission. Car lui, Gobseck, est un simple intermédiaire. Tout le monde sait bien que Gobseck n'a pas un sou ! Malheureusement, le prêteur masqué est un Arabe qui exige vingt-cinq louis. En fin de compte, le petit Gontran a ses six mille francs, qui lui coûtent sept cents francs. Il court à son cercle et dégage sa parole, tandis que Gobseck, grave, digne — la probité en paletot marron — s'assied à la table familiale avec la satisfaction austère du devoir péniblement et loyalement accompli.

Un numéro de l'*Événement* ne suffirait pas à décrire toutes ces scènes honteuses. Il y a, à ces heures difficiles où la nécessité fait sentir son aiguillon, pointu comme le coude de M{$^{lle}$} Sarah Bernhardt, des transactions de conscience et des ravalements de dignité qu'on ne peut se rappeler, alors même qu'on est loin de tous les regards, sans que le cœur se serre et sans que le front rougisse. Qui de nous n'a pas vu en sa vie des hommes d'une excellente éducation, à qui ça battait à la bonne place sous la mamelle gauche, incapables d'une action indélicate, très capables au contraire de jouer leur vie à poitrine ouverte sur la plus légère offense, ramper, pleurer presque, devant des usuriers à doigts crasseux et à trogne de forçat? C'est drôle, la vie!

L'usure a perdu le caractère féroce qu'elle affectait au temps de Shakespeare. Aujourd'hui, elle est aussi horrible, mais autrement. Gobseck ne prend plus une livre de chair sur la poitrine de son débiteur, comme son grand ancêtre Shylock. Gobseck a des gants lilas, un intérieur confortable, un vide-bouteille à Argenteuil. Gobseck est électeur, abonné à un journal bien pensant, jaloux de ses droits politiques, juré, éligible. Chose inénarrable, à rêver, symptomatique au premier chef : Gobseck, conservateur, veut *qu'on ferme l'ère des révolutions!*

Je n'ai pas, encore un coup, l'intention de parcourir la galerie des usuriers. Le musée serait curieux, mais la visite serait longue. Oh! les types étranges! — depuis le mystérieux vieillard du sixième dont Ponson du Terrail a abusé, jusqu'à l'usurier viveur qui, aux courses, salue ses clients du bout des doigts — depuis l'usurier patriarcal, qui blâme doucement et d'une voix émue les folies de la jeunesse, jusqu'à la femme usurière, femme bizarre, rêveuse, folle d'Alfred de Musset et qui fait signer un petit bon, avec un aval solide, en pleurant sur Rolla. Il y a aussi l'usurier prétentieux, emploi des raisonneurs, qui scrute les arcanes du Code civil, se livre à des études d'économie sociale comparée, prend Frédéric Bastiat corps à corps et conclut gravement à la liberté de l'intérêt. J'en passe et des plus grotesques. On en arrive, comme je ne sais quel personnage d'une opérette d'Offenbach, à regretter le temps où le brigandage était pratiqué avec simplicité et bonhomie. Qu'on nous ramène aux crocodiles empaillés et aux trous-madame de Molière !

## LE CAS DE Mᵐᵉ DE MONTIFAUD

Il y a des cas embarrassants. On voudrait dire la vérité, toute la vérité, rien que la vérité, absolument comme si on avait levé la main droite devant le doux et triste Nazaréen qui étend ses bras meurtris au fond des prétoires. On est retenu par je ne sais quelle crainte vague. « Vous allez trop loin, dit un vieux qui a débuté avec Roqueplan à l'ancien *Figaro*. On pense ces choses-là, on ne les écrit pas. Soyez franc, mais franc comme un jeton. Voyez Paradol. Il disait tout sans avoir l'air de rien dire. About, l'un des hommes les plus spirituels de ce temps-ci, jetterait à la tête de quelqu'un le mot que la légende attribue à Cambronne et que l'impartiale histoire a restitué au général Michel, que ce quelqu'un-là se confondrait en remerciments et en baise-mains. Voilà le grand art. L'euphémisme n'a pas été inventé pour les débitants de prunes à l'eau-de-vie ou les marchands de peaux de lapins. Pensez-y, jeune homme ; pensez-y ! »

Le vieux confrère a certainement raison. Il est pourtant des heures où le « je ne sais quoi intime » se révolte. On éprouve l'impérieux besoin de crier. Les gens qui ont le doigt pincé dans une porte connaissent ce besoin-là. C'est aigu. Donc, il le faut. Périsse M^{me} Théo plutôt qu'un principe !

L'observateur attentif, que feu Ponson du Terrail a si souvent mis en scène dans ses romans macaroniques, a dû, à plus d'une reprise, en passant sur le boulevard aux heures nocturnes, remarquer la scène suivante. Un homme mal mis, quoique revêtu de la confiance de l'administration, se précipite sur une malheureuse qui, sous prétexte de boue à éviter montre ses bas blancs aux collégiens en quête de sensations inconnues. La pauvre fille, qui peut-être crève de faim, sent un sanglot lui monter à la gorge. Elle suit, tête basse, l'homme mal mis, quoique revêtu de la confiance de l'administration. Sans enquête, sans jugement, par simple mesure de police, elle va passer quinze jours à Saint-Lazare. M^{me} de Montifaud, femme de lettres, esprit fort, auteur d'ouvrages qui feraient rougir un hussard Chamboran, n'a pas subi cette injure. Et elle se plaint?

Cet écrivain érotique a eu des mésaventures cruelles. Elle a dû, refoulant en elle toutes ses délicatesses et toutes ses pudeurs de femme, comparaître devant MM. les présidents et juges composant la huitième chambre correctionnelle. Là, M. Brisout de Barneville, magistrat fort distingué et homme du monde jusqu'au bout des ongles, a interrogé la prévenue de la façon la plus convenable. Il venait de condamner, je suppose, à quelques mois de prison, une fille soumise accusée d'outrages envers un agent des mœurs et un jeune gommeux de la rue Bourtibourg, accusé d'avoir soutenu ladite fille contre ledit agent. Le tour de M$^{me}$ de Montifaud était venu.

Tout s'est passé comme dans un salon. M$^{me}$ de Montifaud a levé sa voilette et répondu du bout des lèvres, élégamment, gracieusement, avec de petits airs de colombe un peu effarouchée. Le tribunal se trompe. M$^{me}$ de Montifaud n'est pas ce que pourrait croire le libraire Poulet-Malassis. M$^{me}$ de Montifaud a renoncé à la confection des cornichons et des confitures pour se livrer à des recherches bibliographiques, parce qu'une vocation irrésistible l'entraînait. Rien de plus, rien de moins. Il y a, à côté de l'arcade Colbert, un grand monument qu'on appelle la Bibliothèque nationale. C'est là où va chaque jour M$^{me}$ de Montifaud, travaillant, creusant, fouillant dérobant à Corneille de Blessebois le fin mot de son œuvre. Ravissante dame ! Le tribunal l'a condamnée à huit jours de prison. « C'est pas payé ! » a crié Thomas Vireloque du fond de la salle.

Ici, la scène devient épique. On ne peut pas incarcérer une femme à la prison du Cherche-Midi. L'austère morale s'y oppose. Saint-Lazare est la prison des femmes. A ce mot de Saint-Lazare, M$^{me}$ de Montifaud a senti un nuage obscurcir ses yeux d'un bleu angélique. Son âme — son âme immortelle — a reçu un choc effroyablement douloureux. Je ne voudrais pas me servir d'expressions qui ne se doivent point trouver sous la plume d'un homme nourri des œuvres du grand siècle, il faut pourtant bien rendre ma pensée. Révérence parler, M^me de Montifaud *y a été d'un spasme.*

Saint-Lazare! Ce sont les vilaines femmes que l'on envoie à Saint-Lazare! Dieu bon, Dieu juste, Dieu vengeur! M^me de Montifaud à Saint-Lazare! Au vrai, ces magistrats sont fous. Envoyer une aussi charmante personne au milieu de filles qui ne pouvant nourrir père, mère et enfants avec les trente sous de l'atelier, ont pris le parti évidemment regrettable de chantonner le soir au coin des rues sombres, c'est affreux! Quelle société, juste ciel! Ces filles-là ne savent même pas lire. Elles sont incapables de distinguer la *Justine* du marquis de Sade de *l'Education de Laure* du comte de Mirabeau. Point de commerce intellectuel possible. M^me de Montifaud était bien à plaindre.

Aussi elle n'a point hésité. Elle s'est sauvée comme une petite folle. Bruxelles n'est pas loin. Les coulissiers ont mis à la mode ce port de mer tout à la fois agréable et sûr. C'est là que s'est réfugiée M^me de Montifaud. On a écrit, télégraphié, intrigué. L'administration qui, à tout prendre, n'est pas une méchante diablesse, a fait une concession aimable. M^me de Montifaud n'ira pas à Saint-Lazare, elle ira à la maison de santé Dubois. Mesure intelligente, d'ailleurs. Il y a des douches à la maison de santé.

C'est M^me de Montifaud elle-même qui, dans une lettre publiée récemment a jugé convenable de nous initier à ces péripéties émouvantes. Elle en est comme affolée, la pauvre dame. D'ailleurs, le chef de train et les douaniers ont été charmants. Ces gens-là sont parfaits. On voit bien qu'il n'y a rien de commun entre l'administration des chemins de fer et cette atroce magistrature. Les douaniers ont trouvé dans la malle de cette intéressante mère de famille « un livre de philosophie et une boîte à poudre de riz ». Pour être un rat de bibliothèque, on n'en est pas moins femme.

M^me de Montifaud, du reste, n'est plus irritée, maintenant. Le sang-froid lui est revenu. Elle rend justice à chacun. Elle nous apprend que M. Ragon est un magistrat fin, poli et de mondaine allure et que notre camarade Georges Lachaud porte bien un nom lourd à porter. Elle est moins tendre à l'égard de M. de Barneville, qui n'a pas les angles assez arrondis et qui, sur les réquisitions du ministère public, après avoir jeté les yeux sur les étonnantes élucubrations que vous savez, a comdamné froidement et simplement « la femme de Montifaud » à huit jours de prison. Oh ! le vilain homme !

Il se trouve dans cette lettre un passage que je recommande aux amateurs de rire large et rabelaisien. M. Marseille, à la préfecture de police, un peu ennuyé sans doute des jérémiades de cette dame, lui conseille de demander « sa grâce ». « Ma grâce ! » s'écrie l'annotatrice de Corneille de Blessebois, avec un haut-le-corps inénarrable. « Ma grâce ! » M$^{me}$ de Montifaud a écrit ce mot avec une indignation grosse de révoltes contenues. En le lisant, il m'a semblé entendre Hermione. M$^{me}$ de Montifaud implorer sa grâce ! Travailler dix heures par jour pour découvrir les interpolations introduites dans le texte de Rétif de la Bretonne et être traitée comme la première rien-du-tout venue ! En vérité, c'est à ne pas y croire. — Il est un autre passage que je me voudrais mal de mort de laisser tomber dans un fâcheux oubli. M$^{me}$ de Montifaud est en chemin de fer. A tout hasard, elle déguise sa gracieuse personnalité. Elle fait l'Anglaise. En répondant au chef de train, elle prononce : « Aoh ! » comme Brasseur. Le chef de train, qui n'a jamais vu Brasseur, prend cette imitation pour une réalité. Il appelle M$^{me}$ de Montifaud « miss ». M$^{me}$ de Montifaud rit aux larmes. Tout cela est réellement d'une adorable gaminerie.

On me dit que M. de Montifaud est un fort galant homme et M$^{me}$ de Montifaud une fort honorable dame. Dieu me garde d'en douter ! La littérature et la condamnation de M$^{me}$ de Montifaud m'appartiennent, voilà tout. Aussi bien j'ai cru démêler que cette dame n'était point ennemie d'une certaine publicité. Puis il est des scènes intimes que je ne peux me représenter sans un vaste esclaffement. Il est six heures. M. de Montifaud rentre. M™⁰ de Montifaud, enveloppé d'une peignoir bleu, bleu comme ses bas, les cheveux dénoués, les yeux vagues, dans l'attitude d'un dessus de pendule attelé à une harpe, rêve à demi-couchée sur un divan. — « Viens-tu chez les Boudinard, ce soir ? demande M. de Montifaud. — Je ne puis, mon ami. — Tu sais pourtant que M$^{lle}$ Polymnie Boudinard doit chanter son grand morceau des *Porcherons* : « L'amant qui vous implore... » — Je ne puis vraiment. Je n'ai pas encore fini d'annoter *le Portier des Chartreux*. » Délicieux intérieur !

Très sérieusement et sans grossir la voix, tout cela n'est-il pas profondément triste ? Voilà une femme qui, à coup sûr, n'est pas la première venue. Il y a là une intelligence réelle, et peut-être même, malgré ces singulières allures, un cœur bon et élevé. Pourquoi faut-il que la police correctionnelle soit obligée d'intervenir et de réprimer par huit jours d'emprisonnement ces étranges écarts d'imagination ? — Heureux alors les humbles d'esprit !

« Femme, femme, femme ! » fait par trois fois Figaro. Il me semble que M. Got, qui possède une réelle intensité d'émotion, a raison de dire le troisième « femme » avec une manière de rage. Je ne parle pas des filles, sang du Christ! C'est des neutres. Mais les autres, hélas! Les lionnes pauvres qu'Augier a clouées au pilori; les cocodettes échappées de chez Worth et en recherche éternelle d'une aventure; les vieilles folles de quarante-cinq ans qui, munies d'une fille à marier et d'un fils élève de Saint-Cyr, soignent encore leurs *dessous*, dans la crainte — mêlée d'espoir — de rencontrer un insolent; par-dessus tout, les bas-bleus, les horribles bas-bleus dont le cerveau va, va, va si loin que le ministère public est contraint de crier son *Quos ego!* Sont-ce là de vraies femmes? Et ne sentons-nous pas, à ce spectacle troublé et douloureux, redoubler notre amour pour les pauvres chères mamans qui gardent la maison, reprisent les chaussettes et conservent des pommes dans leur armoire à linge?

## LA VIEILLE VAGABONDE

Un correspondant qui, si je m'en fie à l'abominable odeur de son papier à lettres, n'est autre qu'une correspondante, me reproche véhémentement de ne pas donner aux lecteurs de ce journal quelques nouvelles « du monde ». D'abord, qu'entendez-vous par le « monde » ? Il y aurait là matière à une dissertation sans fin. A dire vrai, j'aurais grand'peine à parler des choses que j'ignore. Décrire la dernière toilette vert-pomme de la belle M$^{me}$ de X... ou la dernière coiffure qu'a audacieusement *arborée* la toujours gracieuse M$^{me}$ de Z..., est une entreprise littéraire qui me séduit peu. J'ajouterai que j'apporterais sans doute, à des causeries de ce genre, la grâce d'un jeune ours folâtrant dans un magasin de porcelaine. Puis, je le confesserai sans l'ombre d'une pudeur, mes relations sont bornées. Je ne peux pourtant pas, si soucieux que je sois de plaire au public, entretenir des rapports suivis avec les concierges de mon quartier, afin de savoir ce qui se passe dans les maisons. Je n'ignore, pardieu, pas qu'avec un peu de diplomatie je m'en tirerais. Il faut d'abord appeler la concierge par le prénom de son mari. Rien à espérer, sans cette petite attention préalable. — « Madame Auguste, dirais-je bien poliment, a-t-on dansé hier au second ? — Non, me répondrait M$^{me}$ Auguste. Mais voyez M$^{me}$ Charles, au 17. Je crois qu'il y a une *machine* chez elle, ce soir. » A quel étrange métier serais-je réduit ! Je m'abstiendrai donc, en bénissant une fois de plus mon incomplète éducation.

Ce qui me tente, ce sont les sujets de la rue. C'est là que s'étale en pleine lumière le drame ou la comédie. Je parlais l'autre jour de cette petite mendiante qui, en une heure d'affolement, a failli se pendre dans la cellule d'un poste. Il s'agit aujourd'hui d'une vieille femme appréhendée au corps par des agents qui, la voyant errer depuis longtemps, l'avaient reconnue pour une vagabonde. Elle s'appelle Elisabeth Wiesen. C'est une pauvresse digne, qui a, tout d'abord, fait aux agents cette réponse épique : « Vous me demandez ce que je cherche depuis une heure ? *Je cherche un appartement.* » Il lui a été immédiatement offert une chambre d'ami à la préfecture de police. La malheureuse en avait grand besoin. Elle a avoué, avec des larmes qui lui déchiraient la voix, que, chassée de son garni depuis trois jours, elle allait à l'aventure. Durant ces trois jours effroyables, où a-t-elle dormi et comment a-t-elle mangé ? C'est là une question qui, quoique beaucoup moins intéressante que la robe de M^me de X... ou la coiffure de M^me de Z..., vaut encore qu'on s'y arrête. Quant à moi je n'y puis songer sans un frémissement.

A l'audience, la vieille a simplement raconté son cas. Tout le monde, jusques et y compris les trois vieillards attablés qui se font confectionner chez un Worth inconnu des jupes noires d'une forme singulière, s'est senti ému jusqu'à l'âme. Des braves gens, des pauvres, qui assistaient à l'audience et devaient témoigner dans une autre affaire, se sont hâtivement cotisés. Ils ont mêlé leurs pièces blanches et leurs sous. L'un d'eux s'est formellement engagé à trouver du travail pour l'infortunée. C'est notre confrère M. des Essarts qui a eu le bonheur d'être l'interprète de ces excellents cœurs auprès du président de l'endroit. Le tribunal, avec une amertume facile à comprendre, a relâché la vieille Élisabeth.

Cette femme n'est pas une de ces mendiantes au nez rougi, aux yeux vitreux et à la main éternellement tendue que nous heurtons à chaque minute.

C'est une vaillante que le destin a tordue. Elle est de souche honnête, a lutté de son mieux et n'est tombée qu'à bout de forces. Elle a été professeur de langues, parfumeuse, ouvrière en dentelles. Elle a tout tenté, la courageuse créature. Rien ne lui a réussi. Les renseignements recueillis sur elle (vous imaginez avec quelle bienveillance) ont été des plus satisfaisants. Un détail, un seul, donnera la mesure des tortures qu'a endurées cette admirable pauvresse. Comme elle ne trouvait pas à vendre les travaux d'aiguille qu'elle fabriquait dans un de ces cabinets à dix francs par mois qu'ignorent trop les heureux de ce monde, elle allait porter ces petits ouvrages au Mont-de-Piété. Après quoi, elle vendait les reconnaissances à un commissionnaire, écoulant ainsi, au tiers de sa valeur, le produit de son tant pénible travail. Un vilain matin, la mercière a refusé crédit. Plus de fil ! Ç'a été le coup final. La vieille n'a su où donner de la tête, a erré comme une folle, avec des entrailles qui criaient la faim et un cerveau hanté de vertiges. Les agents l'ont *ramassée*. La vie est décidément une plaisanterie d'un goût douteux.

Mon Dieu, nous en revenons à l'éternel problème. C'est le salaire des femmes qui est toujours en cause. Les agents font ce qu'ils appellent, dans une langue que Littré n'a point voulu définir et dont seul l'acteur Christian posséde un lexique complet, une « rafle ». Je ne les en blame pas. La « rafle » a du bon, en ce sens qu'elle nous débarrasse souvent de coquins et de coquines sans nom. Mais il convient d'y regarder à deux fois, que diable ! J'ai vu, de mes yeux vu, ce qui s'appelle vu, une épouvantable chose, à la huitième chambre. Il y a de cela quelques années. Une femme était au banc des prévenus, brune, aux traits durs, avec des cheveux frisottant à la racine, presque belle sous des haillons. *Insoumise*, elle avait été arrêtée, au moment où elle chantonnait à l'oreille d'un passant je ne sais quelles provocations banales. Elle avait résisté en furieuse et frappé les agents. « Il n'y a pas de mauvais renseignements sur vous, dit le président. Vous ne vous enivrez pas et n'avez point de souteneur. Pourquoi n'êtes-vous pas restée à l'atelier ? — A l'atelier, répliqua la fille, je gagnais à peine quarante sous par jour. — C'est peu, c'est trop peu, en effet; fit le président. Mais à l'extrême rigueur avec quarante sous une femme peut vivre. » La fille eut une haut-le-corps, jeta aux juges un regard noir et murmura d'une voix sourde : « *Je n'ai pas que moi.* Il y a le petit, en nourrice, aux Batignolles... » Je vous jure qu'il y eut un rude froid.

Il faudrait donc, tant que ce redoutable problème du salaire des femmes ne sera pas résolu, nous garder, comme de la peste, des malédictions à la Desgenais. Réservons nos colères pour les opulentes débauchées ou pour les petites bourgeoises perverties. Celles-là n'ont point d'excuses. Mais qui sait quelle a été l'existence des féroces désabusées qui, aux divers degrés de l'échelle sociale, font métier d'amour ? Qui peut dire par quelles horribles épreuves elles ont passé ? Qui donc, étant donné l'état des femmes en notre société moderne, s'arrogera le droit de faire un crime à ces malheureuses d'avoir préféré à la vie de labeur qui mène souvent à l'hôpital, la vie de plaisir, qui mène chez Peter's?

Il convient de faire d'importantes réserves. S'il importe d'améliorer, et dans le plus bref délai, le sort évidemment douloureux des femmes, il importe également (j'émets ici une opinion toute personnelle) de ne point emprunter aux Américains leurs réformes excessives. Là-bas, une avocate et une doctoresse semblent les personnes les plus naturelles. Nous avons déjà ici un bipède extraordinairement curieux, connu sous le nom de « femmes de lettres. » Tenons-nous en là. Il est des dames qui, commentatrices infatigables des érotiques, se font annuellement un joli revenu. Or, composer des œuvres qui ne peuvent être lues qu'entre femmes, quand les hommes et les petits enfants sont couchés, c'est là une profession qui, pour une jeune fille désireuse de vivre honnêtement de son travail, me paraîtrait une profession au moins bizarre. Mais enfin force nous est bien de vivre avec ces bas-bleus, puisque le Code pénal défend expressément de les jeter à l'eau. En tout cas, n'allons pas plus loin. Vous voyez-vous, lecteur, uni par des liens indissolubles à une avocate, qui vous quitterait, l'après-midi, pour aller plaider un huis-clos salé, ou à une doctoresse, qui irait soigner un monsieur du voisinage, affligé d'un anthrax placé sur la partie charnue qui prolonge les reins ?

Non. Je voudrais que l'atelier élevât ses salaires ; je voudrais que le normal reprit ses droits ; je voudrais qu'une femme, pauvre et laborieuse, pût vivre sans devenir une catin. Est-ce trop exiger ? La quatrième page des journaux est pleine de réclames où, entre un hommage rendu au vin Mariani et un éloge adroitement décerné à un goudron quelconque, apparaît l'enseigne des grands magasins de nouveautés. Eh bien, dans ces grands magasins de nouveautés, on ne rencontre que de robustes gaillards à la barbe luisante, qui auraient fait de braves cultivateurs ou de braves soldats, et qui vous disent d'une voix bémolisée : « Avec ça ? c'est tout ce qu'il vous faut ? » La pauvre Elisabeth n'eût-elle pas trouvé là sa place ? L'homme, créé pour les mâles besognes, se décidera-t-il enfin à ne point barrer le passage aux femmes de bon vouloir ?

Il est clair que je ne puis qu'effleurer ces grosses questions. La vieille vagabonde est le sujet de tout ce verbiage. Je reviens à cette triste aventure et, m'adressant au généreux homme qui a pris l'initiative de la minime collecte que vous savez, je le prie de me faire connaître son adresse. Il s'appelle Roussel et est un humble. Je n'ai point qualité pour ouvrir des souscriptions, mon cher monsieur Roussel. Je me méfie toujours un peu, entre nous, des : Abraham Lévy,

marchand d'antiquités, 38, rue du Helder, 10 fr.
— ou des : M^me Camélia, 115, rue des Martyrs (le
nom est sur la porte), 5 francs. Ces façons-là ne
me disent rien qui vaille. Quoique mes biens,
ainsi que les biens des Rusticoli de la Palférine,
soient hypothéqués au-delà de leur valeur, nous
verrons à gratter les tiroirs. Ce sera une petite
bonne fortune à nous deux. Donc, c'est à vous, mon
cher monsieur, sauveur d'une si malheureuse
femme, que je m'adresse et non à un autre.
Une souscription, bonté du Seigneur ! Mais je
connais les entraînements de l'humus que nous
foulons : je serais capable de la dilapider, en
orgies vénitiennes, avec des femmes de théâtre.

## LES INCOMPRIS

La chronique est tentante et je ne la ferai pas. La semaine est à Bourbon. Il y a je ne sais quoi de douloureux dans le spectacle de cette vieille maison de France — la plus haute race de rois qu'il y ait eu au monde — qui s'effondre dans le ridicule final. Je préfère m'en prendre à un confrère de province qui annonce, avec des larmes au bout de la plume, le suicide d'un jeune homme de sa localité. « Il commençait à chanter, dit mon confrère, et, sentant qu'il n'était soutenu par personne, désespérant de l'avenir, ayant faim, il s'est tué! » On a encore de la poésie de reste en province. Deux lignes plus bas, mon confrère ajoute d'une voix brisée : « Adieu! Chatterton! » Chatterton! Aïe! je m'y attendais.

Je le vois très bien, ce jeune incompris. Tous les clercs d'avoué de Pont-à-Mousson qui cherchent une rime à *triomphe* sont des incompris. Ils ont trop lu Balzac et rêvent, le soir, dans un coin du café du théâtre, au destin de Rubembré. Le triste échappé de la pharmacie de l'Houmeau, le sire Lucien Chardon, comme disait de Marsay, a fait plus de victimes qu'on ne suppose. Il a tourné la cervelle d'une foule de bons jeunes gens qui étaient nés pour toutes les réalités et tous les prosaïsmes de la vie de province. Ces bacheliers de Sisteron ont horreur du milieu où ils s'agitent, adressent des vers à la lune, quand ils n'ont pas à portée un *os de seiche* représenté par la « dame » du notaire, et, en fin de compte, dans un grotesque accès de lyrisme, se tuent comme des couturières amoureuses. Là-dessus, les gazetiers embouchent la trompette. Chatterton ! — O Vigny ! que de crimes on commet en ton nom !

Il y a deux ou trois ans, la Comédie-Française, désireuse de prouver que M$^{lle}$ Broisat avait les reins solides, a repris *Chatterton*. M$^{lle}$ Broisat dégringolait du haut en bas d'un escalier avec une sûreté et une rectitude que n'a point encore atteintes le fils de mon concierge. Ce jeune gavroche, qui fait l'orgueil de ses parents et le désespoir des locataires, passe une notable partie de ses journées à exécuter sur la rampe de l'escalier l'opération si brillamment exécutée jadis par M$^{lle}$ Broisat. Je suis persuadé que ce désagréable éphèbe, s'il avait quelquefois vu *Chatterton*, serait devenu de première force.

Il ne faut pas s'y tromper, cette scène de l'escalier est la pierre de touche de toutes les Ketty Bell passées, présentes et à venir. M. le comte de

Vigny, qui, entre autres prétentions, avait celle d'être auteur dramatique, n'avait évidemment écrit son *Chatterton* qu'en vue de la résistante structure de M^me Dorval. M^lle Broisat, je me hâte de le reconnaître, ne trahissait pas les légitimes espérances que la Comédie-Française avait fondées sur son râble. Je ne cacherai pourtant pas que, à cette époque-là, il me parut regrettable que la Comédie n'eût pas confié le rôle à M^lle X\*\* qui, plus mûre et plus vigoureuse que sa camarade, joint à une autorité que nul ne saurait contester sérieusement une épine dorsale qui, depuis longtemps, a fait ses preuves.

Ce *Chatterton*, auquel me reporte le suicide d'hier, est une œuvre mauvaise, dangereuse et qu'il faudrait enfouir une bonne fois. Qu'on nous ramène au *Duc Job*, de M. Laya! Cela est naïf, puéril, écrit dans une langue que feu Kasangian eût saluée comme sienne, mais au moins cela fait verser de douces et honnêtes larmes aux apprenties brunisseuses qui garnissent les troisièmes galeries. J'ai parfaitement souvenance de cette exhumation tentée par les sociétaires du Théâtre-Français. Tout le monde bâillait à miracle jusqu'au moment, impatiemment attendu par les vieux amateurs, où M^lle Broisat vient, par un coup de reins suprême, sauver la situation finale.

Le petit bonhomme, fort peu intéressant à tout prendre, qui a déserté ces jours-ci son poste de combat, avait sans doute trop pâli sur le drame de M. de Vigny. A l'heure où Vigny écrivit son *Chatterton*, il y avait bon nombre de cerveaux en proie à une fièvre incompréhensible. Les dernières *chevilles* de Gilbert résonnaient dans toutes les âmes. Les adieux de ce poète mourant à l'hôpital, après avoir envoyé un salut classique au « ciel, pavillon de l'homme », et au « riant exil des bois », étaient considérés comme les accents les plus déchirants qui pussent s'échapper des entrailles humaines. André Chénier, attendant au pied de l'échafaud que « l'heure en cercle promenée » posât sur l'émail « son pied sonore et vigilant », et lui annonçât que son tour était venu, passait pour avoir dérobé aux poètes grecs le secret de leur suave et douloureuse harmonie. Escousse et Lebras, deux enfants sans souffle et sans courage, venaient de terminer une vie, qui d'ailleurs n'eût pas été menée à bonne fin, par un double suicide. Hégésippe Moreau — un mâle, celui-là, et devant lequel il faut s'incliner — rimait, bafoué par ses élèves, des enfants impitoyables, ses adorables tristesses du *Hameau incendié*. L'heure était propice.

M. de Vigny, qui ressemblait à un poète comme le comte de Chambord ressemble au Grand Turc, comprit qu'il fallait tabler un succès sur ces tendances générales. Il avait sous la main M$^{me}$ Dorval qui, rauque, usée avant l'âge, laide, à moitié folle de passion, devait rendre d'une façon saisissante les ardeurs troublées de Ketty Bell. M. de

Vigny n'hésita pas. Ce personnage compassé et vide d'inspirations s'assit devant son bureau, releva pour ne les point salir les manchettes qu'il avait empruntées à M. de Buffon, trempa sa plume dans un vaste encrier marqué à ses armes et composa l'œuvre insipide qui a mis le revolver à la main de tant de soi-disant incompris.

Ce drame assommant eut un énorme succès. Les poètes de chez le marchand de vin hurlèrent de joie. Cependant Hugo, alors âgé de trente ans et en pleine possession de son génie, se levait tôt et se couchait tard pour travailler et élever sa famille. L'homme qui, avec Henri Beyle, sera certainement jugé comme un des plus puissants cerveaux de ce siècle, Balzac, commençait des chefs-d'œuvre destinés à payer les dettes de sa première jeunesse. Tous les gens ayant conscience de leur dignité et de leur valeur, pleins de ces prudhommesques honnêtetés qui l'emporteront toujours sur *les désordres du génie*, se mettaient résolument au labeur et tâchaient de faire œuvre d'ouvrier. Ceux-là devaient sourire de pitié en entendant les sonores et creuses imprécations de Chatterton, dont il ne convient pas de raconter l'existence réelle, laquelle est d'ailleurs dénuée du plus mince intérêt. Ils ne comprenaient rien, sans aucune espèce de doute, eux, les vrais défricheurs du champ de l'idéal, aux fureurs de ces incompris sans but. Ils constituaient, il est vrai, la minime exception. Il est si facile de s'en prendre aux autres, dont la responsabilité a bon dos, de ses lâchetés, de ses misères et de ses désespérances.

Mon confrère départemental ne m'en voudra pas trop si, à propos des quelques lignes qu'il a très sincèrement écrites, j'épanche un peu plus de bile que de raison. C'est que, en vérité, ils nous rendront fous avec ce stupide Chatterton! Dans une préface qui a eu un grand retentissement, M. de Vigny propose à l'État de prendre à sa charge la vie matérielle des poètes. C'est à ne pas croire et, d'honneur, cela est ainsi. La société, l'infâme société, composée d'épiciers égoïstes et de ferblantiers sans entrailles, était mise en demeure de se résigner à cet indispensable sacrifice : entretenir dans une délicieuse oisiveté les rêveurs et les troubadours. Travaillez, vous! Eux, ils chanteront! C'était simple, on le voit. Plus tard, dans une de ses pièces les moins réussies du reste, M. Alexandre Dumas a essayé la contre-partie de cette théorie monstrueuse. Il exige que les inoccupés, et parmi eux ces poètes que Platon chassait de sa République, payent à l'État une manière de patente. Quel abîme entre Vigny et Dumas!

Je n'ai pas besoin de dire que les Parnassiens sont les fervents adeptes de la première doctrine.

Laisser pousser une chevelure digne des âges héroïques; éprouver pour cette longue toilette du matin, qui absorbe les heures vides des gommeux, une poétique et invincible répugnance ; faire « se becqueter » deux rimes extraordinairement riches au bout d'une idée absente ; prendre un nombre incalculable de vermouths en discourant *de omni re scibili et quibusdam aliis* au café Médicis ou au caboulot du Picrate : tel doit être l'objectif d'un homme qui, fier des nobles facultés que Dieu lui a départies, veut bien, par pure condescendance pour l'espèce humaine, vivre aux crochets des philistins. Au fond, je plaisante à peine. C'est ainsi qu'une foule de bohémiens ont compris et, au fond, ont pu comprendre le stupéfiant système de M. de Vigny. Et les vrais poètes ! que deviennent-ils en tout cela ?

Ah ! vous avez bien tort, Sully-Prudhomme, de vivre dans le recueillement et le travail, et de ciseler, à l'écart, des choses délicieuses comme le *Vase brisé*. Vous avez bien tort, mon cher d'Artois, de vous renfermer chez vous pour y chanter la *Chanson du printemps*. A quoi bon ? Fumez, buvez, *goualez*, comme dit M. Huysmans. La société est là qui vous doit entretenir ! Le cygne de Cambrai n'avait point prévu cette Salente. Ile merveilleuse où il eût suffi sans doute de posséder une lyre et d'en savoir tirer quelques accords pour avoir le droit d'émarger au budget. Je me représente ce tableau. Il est enchanteur. M. de Jallais, qui a *quelque chose là*, se refuse absolument à tout travail manuel. La bonne fée qui a présidé à sa naissance l'a marqué au front du sceau mystérieux des faiseurs de revues. M. de Jallais ne saurait faillir à sa destinée. Si la société ne lui vient pas à la rescousse, il expectorera une malédiction connue et s'en ira rejoindre les de Jallais, là haut. Ainsi des autres. Seul, le vaudevilliste X... (des initiales! pas de duel!), qui ne veut être entretenu par personne, pas même par l'État, sera considéré dans cette Salente qu'a rêvée M. de Vigny comme une sorte d'original indigne de la sympathie la plus légère. On s'éloignera de lui ainsi que d'un pestiféré.

Très sérieusement et morale à part, feu M. de Vigny a écrit une œuvre folle qui a causé bien des suicides inconnus. Encourageons, dans la mesure du possible, les arts et les lettres. N'allons pas plus loin, sous peine de préparer pour l'avenir une bizarre génération de trouvères, de baladins et de joueurs de flûte. Croyez-vous qu'il ne me fasse pas peine, malgré mes railleries, cet enfant de vingt-deux ans qui, dans le coin d'une sous-préfecture, s'est senti, une sombre nuit, « le cœur triste jusqu'à la mort », et s'est tué là tout net? Oui, certes. Je le plains ce barde incompris, ce pauvre petit Chatterton, comme dit mon élégiaque confrère. Mais réservons dans nos âmes le meilleur de notre intérêt pour les braves gens qui, dédaigneux des muses et ignorant même jusqu'au nom de Chatterton, ont embrassé, travailleurs obscurs, la modeste et rude profession de porteurs d'eau!

# LE COMÉDIEN TAILLADE

Il y aura, ces jours-ci, au théâtre de la Porte-Saint-Martin, la représentation au bénéfice de M. Taillade. Je prendrai la liberté grande de recommander chaudement « à mes chers lecteurs et à mes belles lectrices » cette fête dramatique. Le comédien, auquel un grand nombre d'artistes connus doivent prêter leur concours, est un homme d'un réel talent, très laborieux, très chercheur, et, de plus, très honorable. Sans compter que la représentation sera, paraît-il, tout à fait hors de ligne. En voilà plus qu'il ne faut, je pense, pour attirer la foule. Comme le public s'imagine volontiers qu'il y a, entre les gens de théâtre et les gens de la presse, une sorte de franc-maçonnerie, j'éprouve le besoin de déclarer bien vite que je ne connais pas M. Taillade. Nous ne fréquentons pas le même cercle. Jamais un messager, porteur d'une forte somme, ne s'est présenté de sa part à mon humble logis. J'oserai même ajouter, dût-on m'accuser de célébrer mon propre éloge sur la lyre à sept cordes, que, si un

messager semblable heurtait à mon huis, je le
recevrais avec une noble indignation.

Non. Je suis, d'une certaine façon, le débiteur
de M. Taillade. Je suppose qu'il ne le soupçonne
guère, et j'entends que je lui dois une des grosses
joies de ma neuvième année. Il y a bien longtemps de cela, hélas! Un observateur attentif,
cet observateur attentif dont Eugène Sue a quelque peu abusé en ses romans, aurait pu voir,
par une soirée d'hiver, un petit bonhomme à la
tunique trop longue, au pantalon trop court, au
regard perçant, au front marqué du signe des
élus, qui, pendu au bras d'un oncle, se dirigeait
vers le théâtre du Cirque, situé boulevard du
Temple. C'était un jour de vacances. Oh! les
chers souvenirs d'antan! La vogue était alors,
après quelques années de régime impérial, aux
drames militaires. Les chauvins de huitième et
de septième adoraient ces pièces à tapage où
douze Français culbutaient douze mille Autri-
chiens, où le cri de : « Vive la nation! » reten-
tissait à la fin de chaque acte, où une accorte
cantinière arrachait le drapeau tricolore à cinq
ou six Cosaques, sales comme des peignes d'hôtel
garni. Sur l'affiche du Cirque s'étalait en énormes
majuscules ce titre alléchant : *Bonaparte en
Egypte*. L'oncle et le neveu entrèrent. L'oncle,
plus sourd qu'une trappe, accomplissait un
devoir en grognant. Quant au petit bonhomme à
la tunique trop longue, au pantalon trop court,

au regard perçant et au front marqué du signe des élus, est-il besoin de le nommer? C'était moi.

Et quels chants de guerre dans cette pièce! M. Deroulède, qui avale son dictionnaire de rimes tous les printemps et n'est malheureusement pas soulagé pour douze mois, une fois qu'il l'a rendu, a puisé là, j'en jurerais, ses premières inspirations. Oui, j'ai ces choses absolument présentes à l'esprit. Le soldat loustic, ce type qu'a immortalisé feu M. Laloue, était joué par le stupéfiant Patonnelle. Ah! ce Patonnelle! il enlevait, accompagné du seul M. Pastelot, les redoutes les plus inexpugnables. Et le public de hurler! Je l'ai aperçu depuis, mon vieux Patonnelle. Combien changé, juste Dieu! C'était aux Folies-Dramatiques. M^lle Duverger jouait la *Dame aux Camélias*, pendant que l'Œdipe sexagénaire dont elle était la quinquagénaire Antigone somnolait et dodelinait de la tête, doux gâteux, dans une avant-scène de rez-de-chaussée. Lui, Patonnelle, grand comme un monde, apparaissait sous les traits du père Duval. Je le vois encore. Il était grave, sévère, hautain, et avait des gants de fil d'Écosse. Qu'est-il devenu? Entre parenthèses, j'avouerai qu'il m'eût été agréable d'établir une comparaison entre Patonnelle et le père Duval qu'exhibe actuellement le théâtre de M. Montigny. J'ai dû y renoncer, l'atrabilaire M. Derval me barrant l'entrée de ses domaines. Je m'en console, d'ailleurs. On ne peut pas s'imaginer, quand on ne l'a pas tenté sérieusement, combien il est facile de ne pas aller au Gymnase !

Cependant, dans ce *Bonaparte en Egypte*, pièce macaronique, où le dialogue était le plus souvent remplacé par la voix du canon, au milieu de tous ces funambules qui tiraient de grands sabres et faisaient de grands gestes, un jeune homme brusque, nerveux, aux yeux caves et au teint parcheminé, soulevait l'enthousiasme du public. C'était M. Taillade. Il y avait, si je me rappelle bien, une scène qui, alors, me sembla admirable et qui aujourd'hui, me ferait un peu sourire. Bonaparte est sous la tente, entouré de son état-major. Penché sur une carte, il pique les doigts de Denou et de Kléber en indiquant, avec des épingles multicolores, les points où il vaincra l'ennemi. Cette stratégie en chambre terminée, il sort, toujours suivi de son état-major, et s'arrête subitement. Il lève les yeux vers la voûte céleste. « Voyez-vous cette étoile? dit tout à coup Bonaparte en désignant du doigt un petit coin du cintre, derrière lequel un machiniste tient une chandelle. — Oui, répond l'état-major comme un seul aide de camp. — Eh bien... (*Un silence. D'une voix sombrée*) c'est la mienne ! » Puis, lentement, la main derrière le dos, il s'éloigne du côté du jardin. C'est bête à ramer des choux, n'est-ce pas ? En fait d'étoile, la forte génération à laquelle j'appartiens ne connaît guère que M<sup>lle</sup> Granier. Pas moins vrai que ce Taillade jouait cela à miracle. Je ne m'en fie point à mes souvenirs d'enfant. Il m'a été dit, depuis, qu'il était véritablement fort beau en ce rôle. Pour moi, j'emportai de la pièce, grâce à lui, une impression profonde. J'ai été longtemps poursuivi, au dortoir, par ce masque anguleux, hâve et safrané.

Ce comédien est assurément un irrégulier. Il est pitoyable ou au-dessus « de l'excellent », comme eût dit Sainte-Beuve. Notez que c'est un gros compliment que je veux lui faire, la correction marmoréenne me paraissant la pire chose qu'il y ait au théâtre. Il est terne, plein de fumée et d'ombre, puis voilà que, par un sursaut, je dirai d'un coup d'aile, il s'élève et plane en vive lumière. Écoutez donc! Les gens de cette trempe ne sont pas les premiers venus. Tel était Rouvière, tel est aussi M. Paulin Ménier. On a dit de ces acteurs qu'ils avaient « je ne sais quoi de shakespearien ». C'est là un mot tout fait, assez vide de sens et comme les aime la critique hâtive. Frédérick-Lemaître a été le premier et le chef de file de ces shakespeariens.

Il faut reconnaître que cette façon de dire prête à la raillerie. Shakespearien! Qu'entendez-vous par là? Shakespearien, pardieu! Cela se comprend de reste! L'évêque d'Orléans était fougueux, Barrière était nerveux, Frédérick-Lemaître était shakespearien. Il était shakespearien en se levant, shakespearien en mettant ses bottes, shakespearien en faisant son bezigue, shakespearien toujours et quand même. C'est à croire que le grand et impétueux artiste se livrait, dans le tumulte du cabinet, à des soliloques de ce genre : « Voyons, ne nous embrouillons pas. J'ai eu hier du vin à mettre en bouteilles et je n'ai pu être shakespearien que pendant cinq ou six minutes, au dîner, entre la poire et le livarot. Si je n'ai pas immédiatement une gigantesque inspiration shakespearienne, je suis flambé. Gautier et Saint-Victor vont dire que le lion ne sait plus rauquer. Delafosse, que ronge l'envie au front pâle et qui est méchant comme une teigne, me débinera au café du théâtre. Que faire? » Là-dessus le vieil athlète démanchait un balai et, sans l'ombre d'un motif, administrait une effroyable raclée à Clarisse Miroy, qui poussait des cris de feu. Cette scène d'intérieur, rapidement ébruitée, faisait le plus grand bien à Frédérick et contribuait à maintenir dans les faubourgs sa réputation de tempérament shakespearien un instant compromise. Va donc pour shakespearien, puisqu'ils y tiennent!

Shakespearien ou non, M. Taillade n'a pas eu une existence de comédien vulgaire. Il a, à de certaines heures, profondément intéressé et remué le public. A la première représentation du *Roi Lear*, à l'Odéon, la salle tout entière, assez froide jusque-là, se leva frémissante à l'apparition de M. Taillade. Ce sont là de belles heures dans une vie d'artiste! Il s'est essayé aux classiques et je ne lui conseillerai pas de s'y frotter trop. Je sais bien ce que vous allez me dire : « Pourquoi ne pas rompre en visière à une tradition surannée? Oreste est bâti de muscles, de chair et d'os et, de fait, il le prouve surabondamment. Jouez donc Oreste en homme et non en mannequin. » Je connais la théorie, pardieu ! C'est à cette théorie-là que nous devons les exercices de clown en délire, auxquels se livre parfois M. Mounet-Sully. Aussi bien, je passe. Une question de cette envergure exigerait dix chroniques.

La dernière fois que j'ai vu M. Taillade, il jouait les *Deux Orphelines*. C'est là un genre peu goûté aujourd'hui. Si le criminel M. Dennery, qui plie parfois son très curieux talent à une besogne secondaire, n'était plus de ce monde, tout me porte à croire que le mélodrame, ce mélodrame auquel nous devons *Henri III*, *Thérésa*, *Angèle*, *Marianne*, *l'Aïeule*, disparaîtrait, sinon pour jamais, du moins pour longtemps. Que voulez-vous ? la mode est ailleurs. Il nous faut des messieurs en habit noir qui s'accoudent négligemment à la cheminée et débitent, du bout des lèvres, des tirades railleuses. Nous nous sentons vivre en ces sceptiques. Dumas, Feuillet et Sardou sont les coupables. Olivier de Jalin, Carnioli et le docteur Tholozan ont eu une lignée d'enfer. J'ai comme une idée qu'on en reviendra. Nos pères, qui n'étaient point des sots, raffolaient du mélodrame. Nous en raffolerons à notre tour. Le public du reste, m'a paru prendre un plaisir extrême à ces *Deux Orphelines*, où M. Taillade a des élans et des révoltes d'une singulière puissance.

Donc, c'est jeudi prochain qu'aura lieu ce bénéfice. Je n'ai pas sous les yeux le programme de cette représentation. Si je ne me trompe, il a été publié dans ce journal même, sous la signature d'un de mes confrères. Il y a là une foule de noms qu'aime le public. Encore un coup, il est hors de doute que la représentation sera des plus brillantes. Ces comédiens sont, en vérité, d'étranges bonshommes! Vit-on jamais grands enfants pareils! Ils ont, et je parle des plus distingués, des travers et des ridicules à faire frémir. Mais qu'un mot leur aille au cœur, qu'un chaleureux appel leur soit adressé, ils crient tous : Présent! et viennent se ranger au poste de combat. Gœthe les connaissait *in cute* : il y a du féminin dans ces natures. Comme de raison, ils ont répondu à la voix de leur camarade. Il peut se faire que, à la dernière heure, une vieille diva, ayant un rendez-vous absolument impossible à remettre chez une matrone impatentée, brille par son absence. Le mal ne sera point de ceux qu'on dit sans remède. Les vrais artistes se grouperont tous autour de M. Taillade. Et, du coin de ce journal, je souhaite une belle chambrée à ce remarquable comédien!

## LE MARIAGE D'UNE COURTISANE

Les journaux ont annoncé ce mariage. Ils l'ont annoncé en trois lignes, de façon dégagée, d'aucuns avec un mot à peu près drôle — ainsi qu'il convenait, d'ailleurs. Un brave garçon, un peu niais sans doute, s'est rencontré de par le monde qui, féru d'amour, a sangloté sur le paillasson de cette femme, a récité les tirades que le Maurice de Feuillet débite à la Magdeleine du Théâtre-Impérial, s'est heurté la tête aux murs, et, finalement, la dragée lui étant tenue haute, a parlé du maire et du curé. Elle, la bohémienne à diamants, a saisi l'occasion. Dans quelques jours, ce sera chose faite. Le rétameur de virginité et la coureuse de cabarets de nuit seront unis par des liens indissolubles. Je suppose que la fille aura eu le bon goût d'acheter un lit neuf. Ils seront « monsieur » et « madame » gros comme le bras. Le pauvre diable, fier de sa sottise, portera beau et s'imaginera de très bonne foi avoir résolu le problème, jusqu'ici réputé insoluble, de la Rédemption. La blanche épousée aura comme une rage de vertu et, dans trois mois, filera avec le coiffeur.

Je la connais. Vous la connaissez. Nous la connaissons tous. Elle a les yeux admirablement fendus, sans expression, un peu à fleur de peau. Les dents, plus fines et plus aiguës que des dents de jeune chien, sont déjà altérées à la base. Les ailes du nez sont tachetées de petits points noirs, sinistres avant-coureurs de la couperose. Sous le maxillaire droit, s'étendent deux lignes blanches. Ces lignes, un héros de M. Zola les appellerait des « bonbons à liqueur ». Admettons que vers 1850, à l'âge de cinq ans, la fille est *tombée de sa petite chaise*, et n'en parlons plus. La voix est sourde et rauque. L'orgie a passé là et a obstrué la trompe d'Eustache. A tout prendre, et malgré les taches que j'indique, c'est une femme jolie et qui, surtout, a de l'éclat. Un vieil amateur m'a affirmé, par surcroît, que c'était une fausse maigre. A ce point de vue, le fiancé n'est pas à plaindre. Mais, mon garçon, il n'est pas de matrone impatentée qui, pour vingt-cinq louis, ne vous eût vendu tous ces trésors-là !

Ce n'est pas une méchante créature. Elle a tué un homme que j'ai connu et aimé, mais elle pleure « toutes les larmes de son corps » en voyant jouer M. Lacressonnière. Elle a, en son plein, la sentimentalité fausse des courtisanes. On ne m'étonnerait pas en me disant qu'elle donne un tas de pièces de vingt sous aux pauvres qu'elle rencontre. Elle aime sa vieille mère, les chiens et les oiseaux. Au jour des morts, elle va au cimetière et dépose sur une tombe un bouquet d'un prix bête. Elle croit très sincèrement qu'elle a du cœur. Elle a des nerfs, en tout cas : ce qui est quelque chose. Elle est bien femme. Je suis sûr qu'elle rêve foyer domestique, honnêteté bourgeoise, normalités de la vie. Tout cela finira par le coiffeur *ut supra*. Mais quoi ! encore faut-il leur tenir compte de ces bonnes intentions dont elles pavent leur enfer ! Chose étrange ! un des hommes les plus spirituels de ce temps-ci qui, s'il avait de l'haleine, serait tout à fait un homme remarquable, a paru la prendre au sérieux durant quatre ou cinq années. Je me suis laissé conter qu'il l'étudiait et souriait d'elle. De quoi je ne serais point surpris.

A-t-elle, cette mariée de demain, gardé le souvenir des choses d'autrefois ? A la dernière année de l'empire, une dizaine de camarades, n'ayant d'autre souci « que d'être jeunes et bien mis », comme l'écrivait Hugo songeant à sa jeunesse envolée, passaient régulièrement leurs nuits dans un cabinet du Café Anglais — le 8, si je me rappelle bien. Un cabinet bas, chaud, un peu mystérieux, fait pour le vin de Champagne, les propos d'amour et les baisers rapides. En petit bourgeois, curieux et amoureux des élégances, je n'avais garde de manquer le rendez-vous habituel. Ainsi nous préludions aux luttes imminentes. Quelle pyrrhique! et sur quel volcan! Il y avait, parmi nous, un grand garçon doux. Il amenait, chaque soir, la femme dont je parle. Inutile de dire qu'il l'adorait. Le maître d'hôtel, un gaillard grave qui ressemblait à un conseiller d'État, introduisait ce couple avec un sourire fin. Oncques il n'avait vu sans doute *un ménage* uni de cette sorte. C'était une ivresse. Sans cette femme, Émilien eût été un corps sans âme. Un soir, il vint seul.

On comprendra sans peine que je ne m'étendrai pas sur ce désespoir, dont la musique est connue. Un rastaquouère quelconque avait surgi comme un diable d'une boîte. La fille, lasse de la vie un peu hasardeuse, fatiguée d'entendre des créanciers hurler dans l'antichambre, avait tout planté là. Son sang de courtisane n'avait fait qu'un tour, lorsqu'elle avait reçu, en façon de préalable, avec la carte dudit rastaquouère, un énorme cabochon. Le grand garçon doux faisait peine, au vrai. Il pleurnichait pour de bon, montrant le poing au ciel et ne comprenant rien à l'aventure. J'ajouterai qu'il avait vingt ans. Quelques mois après, on le retrouva étendu dans sa chambre, froid et la face violette. Nous fûmes bien cinq qui suivîmes la voiture noire. La femme était dans un coin de l'église, couverte de longs voiles. Quelle bonne aubaine que le drame pour ces cerveaux inéquilibrés! Au surplus, les affaires de la demoiselle n'en allèrent pas plus mal. C'est proprement un bonheur qu'un sinistre de ce genre.

Dieu me garde d'escalader le mur Guilloutet. Cette délicieuse jeune personne, qui va se planter des fleurs d'oranger dans les cheveux, touche peut-être au port de salut. C'est affaire à elle. Je désire qu'elle rende profondément heureux l'étrange personnage qui l'épouse et qu'elle lui fasse flegmatiquement des enfants comme des bulles de savon. Tout sera pour le mieux dans le plus ridicule des mondes. Mais j'ai grand'peur que ce déplorable exemple ne soit suivi. J'approuve fort les jeunes gens qui vont manger des écrevisses bordelaises, entre trois et quatre heures du matin, dans le but, d'ailleurs honorable, de chercher une femme légitime. Néanmoins, je ne saurais trop leur recommander de prendre sur leur future les renseignements les plus minutieux. Par le temps où nous sommes, les apparences sont si trompeuses, que les rédempteurs courent de gros risques.

Je ne voudrais pas abuser des souvenirs. Je commence à me souvenir et j'en gémis. J'ai connu un aimable éphèbe qui, lui aussi, avait pris à cœur de relever une déchue. Dans quel monde se passait la chose ? Peu importe ! Il est des Didiers pour toutes les Marions. Celui-là était plein de son rôle. La malheureuse toussait que c'en était une pitié. Jamais Marguerite Gautier n'avait crachoté aussi poétiquement. Au jour de l'an, il arriva, réellement gai, près du lit de la malade. Le povero avait fait flèche de tout bois. Il déposa sur la table de nuit (la *Dame aux Camélias*, acte V, scène III) une belle boîte de bonbons et quelques louis. A ce tintement joyeux, la phtisique poussa une manière de hennissement, tourna vers les pièces d'or des yeux presque sans regard, trouva sans doute la somme médiocre, et, d'une voix qui n'appartenait plus à la terre : « Mufle! » murmura-t-elle. Ce mot virginal s'était à peine échappé de ses lèvres froides que Dieu avait déjà repris à lui cette âme égarée dans notre vallée de larmes et de misère. Un ange de plus au ciel !

Que le monsieur en question, qui a endossé l'habit noir pour aller demander à des grands parents épiques la main de M<sup>lle</sup> Trois-Étoiles, y songe donc sérieusement! Je n'entends pas le moins du monde m'ingérer de *ses affaires de cœur*. Mais, qu'il me permette de le lui dire, il joue une grosse partie.

## LES LABADENS

J'ai reçu une lettre, à entête historié, où un monsieur, dont le nom m'est complètement inconnu, me prie de vouloir bien déposer la modique somme de quinze francs dans un restaurant du Palais-Royal qu'il a l'obligeance de m'indiquer, afin de participer à de confraternelles agapes. Janvier et février sont les deux mois consacrés, par une inexplicable tradition, à ces réunions d'anciens camarades de collège. Si j'en crois mon correspondant, je trouverai là une foule de *Labadens* qui brûlent du désir de se jeter dans mes bras. Nous effeuillerons ensemble la *marguerite* du souvenir. Nous parlerons des pions avec de petits rires enfantins. Nous nous tutoierons tous, comme une bande d'Auvergnats. Le grand X..., qui imitait, avec une habileté dont Gâte-Bourse lui-même se fût montré jaloux, la signature du censeur, est vice-président du comité. Il n'est pas fier du tout le grand X..., à ce qu'il parait, bien qu'il soit en passe de devenir un important fonctionnaire. Il tourne à merveille le triolet. Cet animal là est capable de nous réciter un *impromptu* au dessert. Mon Dieu! comme cette petite fête sera donc amusante!

Ce serait me juger d'une façon réellement défavorable que de croire une seule minute que j'ai accepté cette invitation annuelle. Je n'éprouve pas le moins du monde l'impérieux besoin de renouer la chaîne des relations interrompues. Rencontrer un homme de six pieds, muni d'une barbe de modèle, qui vous dit avec des intonations de *basso profundo* : « Tu ne me reconnais pas? Je suis le petit Pitanchard!.., » se heurter à un aimable trentenaire, vieux avant l'âge, précocement chauve, avoué près un tribunal de troisième classe et revenu tout exprès à Paris pour la solennité, qui vous rappelle joyeusement votre première cigarette fumée on sait où; tomber sur un gaillard, commis voyageur d'une des premières maisons de la *Capitale*, qui est le boute-en-train de cette réunion de famille et qui, sous le prétexte peut-être imaginé à plaisir qu'un jour, en 1860, à la récréation de cinq heures, vous lui avez chipé deux billes d'agathe, vous accable de familiarités, vous tape sur l'épaule et vous fait la bonne farce de saupoudrer de poivre votre parfait au café : tout cela constitue un genre de réjouissance qui, j'en demande pardon à M. le vice-président du comité, ne saurait aucunement tenter un désabusé de mon espèce.

On est de bonne foi, d'abord. Aux premières

années qui suivent la sortie de collège, aucun de nous ne manquerait pour un empire de répondre à ces horripilantes convocations. Le cœur est tout plein de ressouvenances émues. Les camarades d'hier sont déjà un peu dispersés. Que sont-ils devenus? « B... fait son droit à Aix. C... vient de sortir troisième de l'Ecole polytechnique. Le grand F..., fils d'un magistrat qui ne joue pas au chat-perché avec le Code, va voir son horizon s'obscurcir d'un inflexible conseil judiciaire : c'est un viveur. — Que fais-tu ? Es-tu content ? Quand passes-tu ta thèse? A-t-on des nouvelles de Bordereau ? — Il est professeur de troisième à Marvejol. — Habites-tu avec ta famille ? — Moi, j'ai ma chambre rue de l'Ecole-de-Médecine. » Les mots se croisent, se mêlent. On prend du curaçao, on fume de gros cigares, on espère, on s'épanche. Les poignées de mains sont distribuées avec une inénarrable profusion, longues, tièdes, presque sincères. C'est si bon la vingtième année !

L'aspect de ces banquets est toujours le même. Au milieu de la table, le vieux maître : double menton, cravate blanche, l'œil facilement humide, la voix pleine de *bémols*. C'est la trentième année qu'il est là, entouré de ses élèves qu'il demande la permission d'appeler ses enfants. Depuis plus de quarante ans, il a voué sa vie à l'instruction secondaire. Ce qui signifie, en termes plus simples, que depuis plus de quarante ans, le brave homme vend de la soupe de qualité inférieure et a su se faire, grâce à cette honorable industrie, une petite fortune indépendante. L'étoile de l'honneur brille sur sa poitrine. En face du vieux maître, le plus ancien de ses élèves, professeur de faculté, gros industriel ou agent de change. Le plus ancien élève est un quinquagénaire que le vieux maître tutoie, comme au temps où il lui enseignait « *moneo*, j'avertis ». Cette franchise d'allure a quelque chose de patriarcal et de touchant. Généralement, aux liqueurs, après quelques paroles bien senties, le vieux maître et le plus ancien élève se précipitent dans les bras l'un de l'autre, sanglotent sans aucune espèce de motif et s'embrassent comme des pauvres. C'est à fendre l'âme !

Sur les bas-côtés, les jeunes se moquent un peu des vétérans. Le fâcheux scepticisme, sous la forme d'une continuelle imitation de l'acteur Dupuis, jette sa note grêle au milieu des conversations attendries. Ainsi sont faits ces adolescents, venus trop tard dans un monde trop vieux, que rien de ce qui est vraiment noble ne semble plus trouver en eux d'écho qui vibre et résonne. L'aspect d'un maître vénérable, auquel une pointe d'ivresse ne saurait rien enlever de sa majesté, ne réveille pas la moindre émotion dans ces cœurs flétris avant d'avoir vécu. Pauvre France ! — Parfois, le vieux maître, qui ne perd pas le nord, aborde les plus jeunes, s'inquiète d'eux, de leur famille, du *petit frère qu'il va falloir bientôt mettre en pension*. Il distribue encore çà et là quelques baisers. *Horresco referens!* j'ai encore brûlante la trace d'un de ces baisers officiels. Mon vieux maître, fidèle aux traditions de toute sa vie, avait beaucoup pleuré. Les larmes avaient donné à sa joue droite un goût salé et désagréable au possible. Aussi je me suis juré à moi-même de me soustraire toujours aux effusions de ce vieillard, peut-être digne d'estime, mais à coup sûr trop aisément impressionnable.

Vous souvenez-vous, mon cher M..., de la première réunion de nos anciens camarades ? Nous étions à côté l'un de l'autre. Vous ne songiez pas alors qu'un jour viendrait où, jeune député, vous couvririez M. Mitchell d'apostrophes à la Mirabeau. C'était aux dernières années de la corruption impériale. Vous n'aviez guère cure des amendements, des sous-commissions, des *rumeurs à gauche* et des rappels à l'ordre. Il y avait déjà dans votre vie — Dieu ! que vous me sembliez un grand vainqueur ! — un nombre de femmes incalculable. Nous n'étions pas au second service que, plein d'un fol abandon, vous me racontiez vos amours, qui n'avaient rien de commun avec l'œuvre de Bernardin de Saint-Pierre, bien qu'il y fût souvent question d'une nommée Virginie. J'ai conservé bonne mémoire de tout cela, mon cher M... Cessez un instant de légiférer et jetez un regard en arrière. Représentez-vous, par la pensée, le grand salon de chez Douix — ancien café Corazza, disaient les lettres de convocation. Rappelez-vous les confidences stupides et enthousiastes que nous échangeâmes ce jour-là, et je vous jure, mon cher centre-gauche, que vous retrouverez un de vos bons et charmants rires d'autrefois.

Il se passa même, à cette première réunion, un fait qui vaut que le chroniqueur le mentionne et le livre à l'appréciation de ceux qui nous suivront dans la vie. La femme était, comme de raison, dans un angle de la grande salle, loin des vieux en train de pontifier, l'objet d'une conversation des plus vives. L'un de nous, sorti à seize ans du collège, après un échec éclatant au baccalauréat et la résolution hautement formulée de ne se représenter jamais, quoi qu'en eût sa famille, nous initiait du bout des lèvres aux premiers mystères de la vie élégante. Caderousse, avant de partir pour l'Algérie, lui avait conseillé de courir en *steeple*. Caderousse lui avait spécialement recommandé de se défier, comme de la peste, des filles de théâtre, race vaine et décevante au premier chef. Caderousse n'avait pas hésité à lui dire que, après tout, pour un débutant, mieux valait s'attacher à une de ces extraordinaires vieilles dames qui semblent être, dans un temps où on vit à la vapeur, des merveilles de longévité. Caderousse par-ci, Caderousse par-là ! Nous regardions notre camarade avec des yeux où se manifestait la plus naïve et la plus sincère admiration. On le pressait de questions sans nombre :

« — Que devient le beau G... ?
« — Il est avec Léonide Leblanc.
« — Y a-t-il longtemps que tu n'as vu de V...?
« — Il s'est battu hier pour Léonide Leblanc.
« — Et Jules C..., le gaillard! Hein?
« — Il va se mettre avec Léonide Leblanc. »

Que cette artiste, aussi recommandable par la délicatesse de son esprit que par l'élévation de ses sentiments, veuille bien me pardonner d'évoquer des souvenirs qui datent de longtemps, hélas! Elle jouait alors *les Intimes* de M. Sardou et brillait d'un incomparable éclat. Elle affolait une génération. Tous ces jeunes drôles, ivres de puberté, se vantaient sans doute. A quoi tient pourtant la réputation d'une femme!

Quelques-uns d'entre nous, tout pareils aux gardes d'Hippolyte, gardaient un silence morose. En présence de ces narrations, où M. de Caderousse et M$^{lle}$ Leblanc passaient comme de rapides météores, nous n'osions élever une voix timide. Le moyen d'avouer, je vous le demande, que nos bonnes fortunes n'existaient qu'à l'état embryonnaire. Tout au plus une femme de chambre, de colossale envergure, avait-elle daigné prendre en pitié nos inexpériences et nos ardeurs. Oh! les chères impressions bêtes! Et, encore un coup, que c'est loin déjà!

La séance se termina par un « *Sat prata bibe-runt* » que le vieux maître prononça avec une intonation d'une excessive finesse. Cette classique plaisanterie, qui n'en était pas à sa première édition, dispersa la tumultueuse cohorte. Je ne l'entendrai certes plus, ce « *Sat prata biberunt* ». Le monsieur inconnu, mon grand ancien, que je dois remercier de sa gracieuse attention, en sera pour ses frais de timbre-poste. Toutes ces cérémonies-là sont purement conventionnelles. Le petit Pitanchard ne tient pas à me revoir ; je ne tiens pas à revoir le petit Pitanchard. Bon chrétien, je lui souhaite d'heureuses années. En conscience, un casuiste ne saurait m'en demander davantage. Et puis, quoi ! Les hasards n'ont-ils pas creusé, entre nous tous, des abîmes d'une insondable profondeur ? Cette fausse camaraderie d'une heure signifie-t-elle quelque chose ? Ayons donc une bonne fois, en laissant de côté les usages reçus et les traditions hypocrites, la franchise de nos impressions. Renonçons à ces ridicules repas de corps où Pitou se soucie de Doublemart comme d'une vieille paire de gants.

En supposant même que quelques-uns de ces Labadens aient conservé les uns des autres un vague et sympathique souvenir, à quoi servent ces rencontres périodiques ? On a quitté un camarade rose, frais, épanoui ; on le retrouve sombre, attristé, les tempes envahies par des sénilités. Les galopins d'il y a dix ans sont devenus des hommes qui n'ont pas été tous bien traités par la vie. Déjà, il y a plus d'un vide. « On bat le rappel là-haut! » disait mélancoliquement le vieux duc de Dalmatie. Tout cela n'est pas gai. Seule, M<sup>lle</sup> Léonide Leblanc reste immuable. L'éminente comédienne, calomniée autrefois par une bande de polissons hâbleurs, demeurera éternellement jeune. *Impavidam ferient ruinæ*. C'est la femme d'Horace.

## LE PANTALON ROUGE

Le Sénat est un corps fort grave. Il faut, pour siéger au Sénat, avoir dépassé la quarantaine. La plupart de nos honorables ont, depuis longtemps, doublé le cap. Qui supposerait que ces pères conscrits, qui composent le grand conseil des communes de France, ne sont pas ennemis d'une folle gaieté ? Il est hors de doute que M. Lambert de Sainte-Croix et M. le général de Chabaud La Tour ont voulu faire des « mots d'auteurs » et rendre leurs collègues particulièrement hilares. Oyez plutôt le cas. M. Testelin se lève et, parlant du vêtement de nos soldats, demande qu'on supprime la couleur rouge des pantalons, qui a le défaut de faire voir les hommes à une grande distance. « De l'avis de tous les gens compétents, dit-il, *c'est un point de mire.* » Vous, moi, nous eussions applaudi à ces paroles pleines de bon sens. Le marchand de marrons, le plus obtus en matière de réorganisation militaire, eût trouvé avec raison que l'observation de M. Testelin était la plus naturelle du monde.

Comme on voit bien que vous connaissez peu les phrases toutes faites!

A peine M. Testelin avait-il achevé son petit speech que M. Lambert de Sainte-Croix s'est levé tout d'une pièce. Il a eu un geste à la Talma, et, d'une voix sombrée, a expectoré la très bizarre réponse que voici : « Ce serait manquer à toutes nos traditions militaires ! » Là-dessus, M. le général de Chabaud La Tour, un protestant qui ne manque jamais de protester, a voulu surenchérir, et, venant à la rescousse du vieux grognard Lambert de Sainte-Croix, a ajouté non sans emphase : « C'est un uniforme légendaire ! » Ils sont bons, là, Lambert et Chabaud ! Il a pu vous arriver, lecteur ami, d'avoir en votre vie ce qu'on appelle « une affaire d'honneur. » S'il s'est agi d'une partie d'épée, vous avez endossé sans l'ombre d'une préoccupation un délicieux complet gris. Si, au contraire, l'arme choisie était le pistolet, vous vous êtes, à coup sûr, soigneusement vêtu de noir. De plus, il est certain que, au moment des préparatifs, un de vos témoins a dû s'approcher de vous et vous murmurer à l'oreille : « Mais, nom d'un chien, lève donc le collet de ton habit! On voit ton col de chemise. Tu vas guider la balle de cet animal-là et recevoir une prune dans la gorge. » Cette précaution, je suis sûr que MM. de Chabaud La Tour et Lambert de Sainte-Croix la prendraient sur le terrain : de quoi je les louerais fort. Pourquoi veulent-ils que nos soldats soient moins protégés contre le tir de l'ennemi que le bonhomme noir de Gastine-Reinette contre le pistolet d'un amateur?

Il y a des siècles, je le sais, que nous nous payons de cette monnaie sonore et creuse. Des mots, des mots, des mots ! « Ce serait manquer à toutes nos traditions militaires ! » Pardieu voilà qui est bien vite dit. Je ne me dissimule pas que cette courte phrase a je ne sais quelle fière allure qui séduit, à prime aspect, nos trop ardentes imaginations. Laissez-moi vous dire que c'est une simple ânerie. J'admire au delà de toute expression la bravoure de Murat, la plus merveilleuse bravoure qu'il y ait eu peut-être sous le ciel français. Ce Murat, amoureux du clinquant, tout luisant d'oripeaux et se précipitant, une cravache à la main, sur des masses profondes d'ennemis, m'apparaît comme un héros de l'Arioste. C'est bien là, à son point extrême, le courage de notre race. Il importe, ô indomptable Lambert, que vous luttiez contre votre propre nature. Le temps n'est plus de ces aventures chevaleresques. Il me paraît que les leçons d'hier ne doivent point être perdues. Les conditions de la guerre — est-ce à moi de l'apprendre à des gens qui sont censés en parler *ex professo* ? — sont changées absolument, aujourd'hui que des centaines de mille hommes sont conduits par un monsieur à lunettes qui ressemble à un huissier, suivi de deux aides de camp qui ressemblent à des praticiens.

Le pantalon rouge ! Les traditions militaires ! Pourquoi ne pas revenir tout de suite à l'armure d'acier, « parure des batailles » ? Pourquoi ne pas courir l'ancienne quintaine ? Il est très beau, ce roi Jean qui, le sang coulant par le défaut de la cuirasse, lutte encore et lutte quand même, soutenu par son jeune fils, qui guide ses mouvements : « Père, parez à droite ! Père, frappez à gauche ! » Il est très beau, ce vieux roi aveugle, Charles de Bohême, qui se fait indiquer par un homme d'armes *ad hoc* les groupes saxons et les charge follement ! Ils sont très beaux, ces chevaliers — liés ensemble, qui « boutèrent si véhémentement » à l'ennemi, qu'ils périrent tous, et que, le lendemain, les Anglais, ne pouvant compter les cadavres, mesurèrent leurs anneaux au boisseau ! Croyez-vous que ces spectacles-là ne me semblent pas gigantesques et ne me prennent point par les entrailles ? Oui, certes, mais il ne m'eût pas déplu de voir la tête de ces braves gens-là à Champigny ou à Montretout. J'entends bien que je force la note, voulant simplement dire que, étant données les prudentes façons de la guerre actuelle, le pantalon rouge est un pur et dangereux archaïsme.

M. de Chabaud La Tour m'a plus surpris encore que M. Lambert de Sainte-Croix. « C'est un uniforme légendaire ! » Comment, un uniforme légendaire ! C'est à rêver, d'honneur. A en croire M. de Chabaud La Tour, le pantalon rouge remonterait à des époques fort reculées. Mais il est beaucoup plus jeune que M<sup>lle</sup> Schneider, le pantalon rouge. Les « fils de cordonniers et de tailleurs » dont riaient les salons de Coblentz, et qui culbutèrent la vieille Europe à Valmy et à Jemmapes, ne portaient pas de pantalons rouges. « Ceux d'Iéna » qu'a chantés Hugo, n'en portaient pas davantage. Les vainqueurs du Trocadéro ignoraient la garance. C'est de Louis-Philippe seulement que date le pantalon rouge. Il a fait son apparition, pour la première fois, dans les plaines de l'Algérie : apparition glorieuse, je suis loin d'y contredire. J'oserai même affirmer que, si Horace Vernet ne s'en était mêlé, le pantalon rouge serait demeuré un inoubliable emblème. Encore convient-il de ne pas lui prêter une trop ancienne noblesse. En vérité, il faut bien peu de temps à M. de Chabaud La Tour pour former une légende !

Les Français, les Parisiens surtout, raffolent de l'uniforme militaire. Les revues sont des joies pour nous. Quel est celui d'entre nous qui n'a point suivi, en régularisant son pas, au son d'une musique martiale, les régiments en marche ? Enfant, je les ai suivis maintes fois. Pour un rien, je les suivrais encore. Tous ces panaches et tous ces tintamarres nous secouent le système nerveux. S'il n'en était pas ainsi, nous mentirions à notre origine. En dépit de nos scepticismes, nous sommes demeurés patriotes, chauvins même — jusqu'aux moelles — et nous nous sentons je ne sais quel tic-tac sous la mamelle quand les clairons sonnent, quand les tambours battent et quand les soldats défilent.

Or, parmi ces soldats qui défilent, il en est qui me sont particulièrement sympathiques. Ce sont les fantassins, les porteurs de pantalon rouge, les « petits pioupious pour un sou ». Ils n'ont pas la désinvolture des jolis chasseurs, la démarche hardie des zouaves, le pittoresque des turcos. Ils sont tout simplets, font obscurément leur devoir et ne rêvent pas qu'ils ont dans leur giberne le bâton de maréchal. On lui dit de temps en temps, à cette brave petite infanterie, dans des proclamations renouvelées des Romains, qu'elle est le « gain des batailles ». Ce qui est vrai. Elle ne tire point orgueil du compliment et continue à trottiner par les balles. Ne la trouvez-vous pas intéressante, touchante au possible, réellement admirable, cette humble chair à mitraille en pantalon rouge ?

Partant, il faut la ménager autant que faire se peut. Je suis persuadé que M. Lambert de Sainte-Croix et M. le général de Chabaud La Tour sont de très braves gens, incapables de faire du mal à la moindre petite mouche. Ils ne se rendent certainement pas compte que leurs *poncifs* majestueux peuvent, à un moment donné, coûter la vie à quelques milliers d'hommes. Je ne suis pas grand grec en chose guerrière, je le confesse sans fausse honte. L'occasion venue, je ferais une marche sur Sedan de la plus innocente façon qui se puisse rêver. Mais je me suis laissé conter par des personnages extraordinairement galonnés que la guerre actuelle consistait en gigantesques combats d'artillerie, précédés de reconnaissances opérées avec un soin minutieux. Or, voyez-vous nos soldats, étincelants de garance, opérant une reconnaissance délicate ? Autant crier à l'ennemi : « Prussiens, cachez vos mouvements tournants, voilà les culottes rouges qui passent! »

Je ne crois pas que de pauvres diables, découverts et débusqués grâce à l'éclat de leurs pantalons, puissent trouver une consolation bien sérieuse dans ces paroles que serait en droit de leur adresser le chirurgien-major : « Mes petits enfants, vous avez un tas de jambes et de bras cassés. Quelques-uns d'entre vous doivent se préparer au grand voyage. Il y a là-bas, au fond d'obscurs villages, de vieilles mamans et de jeunes fiancées qui doivent se résigner à ne plus vous attendre. Que voulez-vous ? Je sais bien que, sans vos maudites culottes, jamais l'ennemi ne vous eût aperçus derrière tous ces bouquets d'arbres. Mais quoi! vous avez l'intime et patriotique satisfaction de mourir conformément à la tradition de M. Lambert de Sainte-Croix et à la légende de M. de Chabaud La Tour. Du haut du ciel, qui n'est certainement pas sa demeure dernière, le général Boum est bien content ! »

Eh donc, la chose est claire. M. Testelin a dix mille fois raison. La ligne droite est le plus court des chemins connus, deux et deux font quatre, et le pantalon rouge est un point de mire. Voilà trois axiomes indiscutables. Le plus vulgaire sens commun réclame, par conséquent, une réforme immédiate. Il suffit. Nous ne l'obtiendrons jamais

## LE PION

Avant-hier, à la nuit tombée, on entendit un bruit sourd près du lac du bois de Boulogne. Quelque chose comme : *floc!* Un silence de cinq ou six secondes suivit. Puis il y eut un bouillonnement d'eau et des cris étouffés. Un malheureux se noyait. Un brave homme sortit d'une maison voisine, se jeta résolûment à la nage et ramena un corps à la surface.

Le danger n'était pas mince, à vrai dire.

Plonger dans l'ombre et opérer ce sauvetage *au jugé!* Je sais plus d'un philanthrope vigoureux et verbeux qui ne risquerait pas l'aventure. Le pauvre diable, sauvé des eaux comme Moïse, un juif du bon temps, est un maître d'études, congédié depuis la semaine dernière de je ne sais quelle institution suburbaine. Il avait faim. Vous m'entendez bien : il avait faim. Après avoir erré, le cerveau vide et les jambes incertaines, par cette allée que foulent chaque jour d'un pied sonore les chevaux empanachés de la toujours délicieuse M<sup>me</sup> Elluini, le désespéré s'était accroupi près de l'eau dont le calme a, aux heures noires, d'étranges attractions. Puis, à *Dieu va!* ainsi que disent les marins.

Ce maître d'études n'est pas né sous un astre heureux. Balzac qui, croyant à la fatalité des noms, a écrit Gobseck et Z. Marcas, eût eu un hochement de tête mélancolique en entendant ce vieux déshérité dire simplement : « Je me nomme Alexandre Potut. » Avoir trente ou quarante petits polissons à tenir sous sa férule et s'appeler Potut ! Le hasard a de ces ironies !

Ainsi il est des hommes qui, en pleine possession de leurs facultés intellectuelles, se font maîtres d'études. D'où vient cela ? Il y a tant de pierres à casser sur les routes et tant de rues à balayer le matin ! Quels sont les bizarres déclassés qui, pouvant porter la blouse et conduire au champ de grands bœufs à l'œil doux, consentent à endosser la livrée rapiécée du pion ? Hélas ! c'est le mal éternel de ce temps-ci. Ces pauvres hères savent l'accord des participes, quelques mots de latin et de grec, et rougiraient de n'être point des messieurs !

J'ai assisté à plus d'une distribution de prix. Jamais je ne me suis occupé des heureux vainqueurs qui, la cérémonie terminée, montent en voiture à côté d'un père au ventre opulent, et d'une jeune sœur à précoces allures de cocodette. Mon regard s'est toujours porté, inquiet et presque triste, sur l'inévitable collégien râpé qui n'embrasse personne après les fanfares traditionnelles, et s'en va par les rues, tenant sous son bras un prix de discours latin, honteux de ses vêtements trop larges et trop soigneusement brossés, avec quelque chose de sombre et de mauvais dans le regard. Ce garçon aux mains blanches est une manière de *boursier* qui a grossi la poche au fiel. Il y a sans doute, dans une mansarde, une vieille femme qui eût pu venir et qui n'est pas venue. Par une de ces saintes délicatesses que possède seul le cœur des mères, elle n'a pas voulu humilier son fils, ce fort en thème déjà dévoré de vanités misérables, en paraissant au milieu des belles dames avec sa robe d'indienne et son bonnet de linge blanc !

Ce lauréat, si l'école normale lui ferme ses portes, ne voudra ni ensemencer la terre ni vendre du calicot. Il tentera la carrière des lettres. Un échec abattra et aigrira cette âme maladive. Il cherchera ailleurs, se déchirera les pieds aux ronces, maudira la société et montrera le poing au ciel. Puis, un jour plus sombre que les autres, refoulant au fond de lui-même ses espérances déçues et ses ambitions brisées, il se fera pion. La grande armée des irréguliers comptera un franc-tireur de plus.

Oh ! la triste vie, pourtant ! Lafontaine a dit que l'enfance était sans pitié. C'est à cette enfance-là qu'est abandonné le pion. N'est-ce pas être livré aux bêtes ? Je laisse de côté l'effroyable existence matérielle que mènent ces malheureux.

Levés à cinq heures du matin, privés d'air et de liberté, ils doivent avoir comme des hallucinations de fiévreux. On leur donne, il est vrai, le gîte et la pâture. Quel gîte et quelle pâture! Le pion qui conduit un troupeau d'élèves, dans ces promenades bi-hebdomadaires que vous savez, ne sent-il pas le cœur qui lui saute, en voyant passer un ouvrier propre et joyeux qui, après le travail, s'en va retrouver la ménagère et les petits? Lui, forçat rivé à la chaîne, suit les marmots qu'il déteste et qu'il tarabuste. Il va rentrer entre les quatre murs hauts et noirs qui bornent son horizon. Jamais un clair rayon de soleil. Privation horrible et dont il ne faut point se moquer : il ne peut pas plus fumer que les galopins confiés à ses *soins paternels*, comme dit M. le directeur. Étonnez-vous donc, bonnes gens qui digérez en fumant un *regalia de la Rena*, que cet homme, pour qui tout n'est que tristesse et que haine, bondisse de joie en lisant les déclarations d'un comité central quelconque? Son heure a sonné. Il va enfin connaître la grande vie, le vin de Champagne, les bottes vernies, le lit entrevu en songe d'une fille à robes de soie. La Nouvelle-Calédonie l'attend, au bout de ces fausses ivresses. Eh! qu'importe la Nouvelle-Calédonie! Cela vaut sans doute mieux, après tout!

Je ne connais rien de plus cruel que ces bambins qui sont peut-être destinés à devenir des gens instruits, honnêtes et bons. Il semble que

la souffrance d'autrui soit lettre close pour eux.
Ils tenaillent ces malheureux pions avec des raffinements de tortionnaires. Êtres inexplicables
que les enfants! Ils ont l'imagination chaude, le
cœur ouvert aux aspirations nobles, et se font un
jeu d'arracher les ailes des mouches.

Je me rappelle une aventure qui m'attriste encore à l'heure même où j'écris ces lignes. Nous
avions un pion jeune dont j'ai présent à l'esprit
le visage bienveillant, flétri et mélancolique. Il
n'était pas d'humeur atrabilaire. Il avait plutôt
cette indulgence un peu dédaigneuse qui est le
propre des désabusés. Ce sont là des choses qu'on
ne comprend que plus tard. Moi, je lui devais
quelque reconnaissance, attendu qu'il m'avait
*collé* avec un sourire, oubliant de me dénoncer
au censeur, un roman de Paul de Kock intitulé
*Georgette*. Je lisais ce roman en pages détachées
et intercalées dans mon *Conciones*. Il avait déchiré ces pages sans mot dire et en haussant les
épaules. C'était un doux homme. Un soir, à l'étude de sept heures, il sommeillait appuyé sur son
coude. On causait, on jouait, on se jetait même
quelques projectiles à la tête. Lui, le pauvre lassé,
ne bronchait point. Il me vint une idée féroce. Je
pris un encrier et en répandis le contenu sur son
pantalon, un pantalon gris que nous lui connaissions depuis plus de six mois, et me sauvai à ma
place. Un vague sentiment de fraîcheur l'éveilla.
Il promena autour de lui un regard incertain, porta

tout à coup sa main à la place maculée, eut un tressaillement et devint fort pâle. Il ne sourcilla pas. Certes, s'il eût voulu punir toute la classe, je me fusse dénoncé.

Au dortoir, mon lit était près du sien.

A la lueur tremblante de la veilleuse, il se déshabilla. Roulé en forme de boule sous mon édredon, je l'examinais à la dérobée. Il jeta un regard sur son pantalon perdu. Et je vis — j'atteste Dieu que je me repens de toute mon âme! — je vis deux larmes, deux grosses larmes, jaillir des yeux de ce déshérité. Le lendemain, après la classe du lycée, il parut avec un nouveau pantalon, de couleur sombre celui-là, acheté chez le revendeur du coin sans doute. Quel sacrifice! Je ne sais s'il existe encore, ce pion dont j'ai le nom au bout de ma plume. Rousseau se défend, dans ses *Confessions*, avec une farouche énergie, d'un vol de ruban dont il fut accusé alors qu'il n'avait pas dix ans encore. Je voudrais, moi, que ces lignes fugitives tombassent sous les yeux de ce pauvre homme afin qu'il me pardonnât et la vilaine action que j'ai commise et l'affreuse douleur que j'ai dû lui causer.

Puis, j'y songe, pourquoi ces gens-là n'auraient-ils pas un cœur et n'éprouveraient-ils pas, tout de même que le premier charbonnier venu, le besoin de murmurer un mot d'amour à une oreille de femme? Du diable si je devine où ils en trouvent le temps! Ils ont quatre heures de liberté par jour. Qui sait? il est peut-être, dans des chambres à tabatière que nous n'imaginons pas, de belles filles, dont la profession consiste à blanchir des cols, des chemises et des chaussettes, qui accueillent avec des cris joyeux le *monsieur* qui porte un paletot et a une si belle écriture. Tant mieux, en somme! C'est une manière de consolation pour ces infortunés. C'est peut-être un refuge le jour où M. l'inspecteur, dans un rapport formulé élégamment, demande et obtient l'expulsion d'un pion coupable.

Car le pion a des mortes-saisons inattendues!

Le pion peut, du soir au lendemain, sans l'ombre d'une explication préalable, être jeté sur le pavé. Il s'en va, tête basse, avec une paire de souliers et deux chemises roulées dans un numéro de journal. Et encore ce sont les heureux, ceux-là!

Ah! plaignons-les bien sincèrement, ces bohémiens faméliques!

M. le chef d'institution est sévère pour les pions. Il les veut sans reproches. Il en parle à son aise, M. le chef d'institution. Il a un intérieur bien chauffé, bien éclairé, très confortable, ma foi! Il vend fort cher la dégoûtante soupe qu'il vend. *Sa dame* va aux Italiens, grâce à des billets qu'envoient galamment des parents d'élèves, et chante le duo de la *Cenerentola* avec le professeur de seconde du lycée voisin, un jeune — frais émoulu de l'Ecole et muni d'un ténorino agréable. Sous peu, on cédera la pension, après fortune faite. Ce sont d'heureux bourgeois. — Pendant ce temps, lui, le pion, ronge son horrible frein. M. le chef d'institution lui reproche de se livrer à des libations désordonnées. Oui, certes, il lui arrive de rentrer à l'étude l'œil éteint et le pas alourdi. Ces jours-là, il est trop dur ou trop indulgent. Potut, le pauvre Potut, manquait d'énergie avec ses élèves, paraît-il. Le pion boit parfois de l'absinthe. La liqueur verte lui monte au cerveau et trouble ses facultés. Il n'a plus conscience de lui. Cela est ignoble, n'est-ce pas? Eh bien, mais qui donc aurait le courage de lui en faire un crime? Bois-en plein ton ventre! Bois-en plein ton cœur! Bois-en jusqu'à l'ivresse! Bois-en surtout jusqu'à l'oubli, martyr!

## LÉON GAMBETTA

C'est, à coup sûr, la plus tentante protraicture qu'il y ait. Elle a été faite plus d'une fois et sera plus d'une fois refaite encore. J'ai lu dans un *écho* de je ne sais quel journal, ces jours-ci, l'anecdote suivante : Les ouvriers préparent, au Palais-Bourbon, la fête du soir. L'inspecteur entre et, aspirant bruyamment l'air, donne les marques de la plus vive irritation. « Quel est l'animal qui s'est permis de fumer? — L'animal, c'est moi » répond une voix qui, tout comme la voix du père d'Hamlet, semble sortir des entrailles de la terre. Plus effrayé qu'Horatio, l'inspecteur se confond en excuses. « A quoi eussiez-vous condamné l'ouvrier coupable? reprend la voix sur un ton bonhomme. — Dame, monsieur le président, à une amende quelconque. — C'est à moi de la payer. Voici cinq louis que je vous prie de distribuer à ces braves gens. » Le raconter est topique. Je le rapprocherais volontiers du : « Quand même vous seriez le petit caporal. » La légende se forme. Du moment qu'on prête à Léon Gambetta des mots destinés à l'histoire anecdotique, Léon Gambetta est bien près de passer Dieu, — pas à la façon de César.

L'homme est de taille moyenne et d'allure épaisse. L'œil, fatigué et doux, s'enflamme par échappées. Un cou puissant et des épaules larges : le cou de Danton sur les épaules de Vergniaud. Le front, surmonté de cheveux grisonnants et peignés à la diable, est d'une remarquable beauté. C'est au front que Bichat jugeait les vigoureux. Ce plébéien a fait son trou comme un boulet de canon. Si l'ombre de M. de Morny vient parfois hanter la grande chambre où dort le président de l'Assemblée, cette ombre-là, sceptique et fine, doit avoir d'étranges sourires. En vertu de la loi que vous savez sur les contrastes, je suis sûr que ces deux personnages eussent été, l'un pour l'autre, pleins de coquetteries quasiment féminines. J'observais, l'autre soir, le président circulant au milieu de ses invités. Fort poli avec « les civils », il saluait particulièrement les militaires, — généraux, capitaines ou simples sous-lieutenants — lesquels sont partis enchantés. Il m'a paru, en outre, qu'il se taisait volontiers, aimait à faire parler les autres et *savait écouter* : ce qui est une qualité maîtresse. Je ne serais point surpris que ce robuste fût doublé d'un séduisant.

N'étant pas biographe, je ne raconterai pas, après tant d'autres, la vie de M. Gambetta. Je sais, comme tout le monde, qu'il aura quarante-deux ans à la fin de la présente verdure. Par conséquent, il est dans le complet épanouissement de ses facultés. « Il bat son plein, » ainsi que le disait Beyle des femmes de trente ans. Il est à l'âge où les hommes d'État sont en absolue possession d'eux-mêmes. Les biographes insistent tous sur son origine. Le bazar de M. Gambetta père, à Cahors, a été matière à dithyrambes ou à railleries. C'est de ce bazar qu'est sorti l'homme qui tient « dans sa dextre » les destinées de la France. Là est bien la note de la société moderne.

Ce bazar, dont se moquent agréablement M. des Houx et M. Boubée, deux natures féodales, est un berceau comme un autre. Néanmoins n'ayez doute qu'on le donnera comme un *argument* à développer en vers latins à nos petits neveux. Je comprends que les défenseurs du trône et de l'autel, qui sont des gens d'une suprême distinction, trouvent ce bazar un peu « commun. ». Où je suis étonné outre mesure, c'est quand je vois les journaux bonapartistes venir à la rescousse des journaux légitimistes et jeter ce bazar, avec des rires dédaigneux, à la tête du président de la Chambre. C'est être plus impérialiste que l'empereur. Napoléon riait volontiers des généalogies que lui fabriquaient ses courtisans. L'un deux ne s'était-il pas imaginé de le faire descendre des empereurs d'Orient, de je ne sais quels *Kalomeroi* (bonne part, bonaparte)? Lui, souverain de quatre-vingts millions d'hommes, se souvenait et se glorifiait, même en 1809, devant deux de ses anciens compagnons d'armes, hauts dignitaires devenus complices de la terrible gloire du maître, de n'avoir été au début, qu'un petit gentillâtre, officier de fortune et beau-frère d'un valet d'écurie.

L'heure psychologique, dans la vie de Gambetta, a été l'effroyable guerre de 1870. Vingt-deux mois auparavant, Gambetta était un avocat assez peu occupé. L'affaire Baudin venait à peine de le tirer hors des rangs. Laurier et lui quittaient à ce moment-là le cabinet de Crémieux, désireux de voler de leurs propres ailes. Laurier, l'homme le plus merveilleusement doué qu'il m'ait été donné de connaître, avait puisé dans ce cabinet encore très achalandé une rare connaissance des affaires. Gambetta, lui, habitué de toutes les conférences, s'était très curieusement rompu à la parole et était mûr pour les luttes de la tribune.

C'est alors que les électeurs de Belleville l'envoyèrent au Corps législatif. Il n'est personne qui ne se rappelle le rôle qu'il y joua, jusqu'au jour où retentit le premier coup de canon en Alsace. A mon sens, sa façon oratoire est demeurée la même. Tel je l'ai entendu il y a dix ans, tel je l'ai retrouvé il y a un an. C'est un singulier mélange de fougue et d'habileté. Il est assurément de la grande école. Assez peu soucieux de cette correction finie qui était la faculté dominante de Favre, il improvise avec une verve prodigieuse et trouve maintes fois d'incomparables élans. J'ajouterai qu'il lui arrive de ne point finir ses phrases ainsi que je l'ai dit de Berryer. C'est affaire aux sténographes et aux rédacteurs.

Lorsque les défaites de l'armée du Rhin eurent amené la déchéance de l'empire et que les Prussiens s'avancèrent à marches rapides sur Paris, Gambetta se jeta tête basse au plus fort de la mêlée et organisa cette défense *quand même* qui a été jusqu'à ce jour jugée si diversement. Fallait-il faire la paix à tout prix, perdant à la fois le territoire, l'argent et l'honneur? Fallait-il, au contraire, évoquant les formidables souvenirs de l'an II, lutter jusqu'à la dernière goutte du sang français? C'est un problème que l'histoire seule, la froide histoire, résoudra un jour. Mais peut-être y eût-il eu quelque grandeur à ce que l'Assemblée de 1871, si réactionnaire qu'elle fût, oubliât pour un instant les désastres accumulés et, comme le Sénat romain, remerciât le dictateur de n'avoir pas désespéré de la patrie.

Certes, peu d'hommes ont eu une existence plus remplie que celle de Gambetta, de 1869 à 1880. Il est à deux pas du pouvoir. « Les ministres de M. Gambetta! » s'est-on écrié, la semaine dernière au Parlement. Gambetta a bondi sur son fauteuil présidentiel et a vertement tancé le malicieux. Moi qui ne fais point de politique et qui tâche simplement de fixer les traits d'une physionomie, je me demande si le président de la Chambre a été fâché sérieusement de cette incartade. Il faudrait avoir bien dépouillé tout « l'humain » pour ne pas se sentir doucement caressé au cœur, à cette pensée que les autres ne sont que parce qu'il vous plaît qu'ils soient. C'est là un point psychologique que j'abandonne aux méditations de mes lecteurs.

Si j'avais à collectionner les *anas* relatifs à Léon Gambetta, je remplirais jusqu'au bout les colonnes de ce journal. Rien de ce qui touche le président de la Chambre n'est indifférent au public. La vieille tante qui lui avait voué une affection enthousiaste; le petit appartement de l'avenue de Montaigne, à la porte duquel ont heurté les hommes les plus considérables de ce temps-ci; la fondation et le *rapport* du journal *la République française*, que sais-je, moi? tout cela serait prétexte à « reportages » sans fin. Au vrai, je m'inquiète peu de ces infiniments petits côtés. L'homme privé appartient à M. de Blowitz, gazetier très habile à compter les paires de bottines et les chemises des personnages en vue.

Depuis que M. Gambetta a été nommé président de la Chambre, il s'est montré, à part deux ou trois cas où son vieux sang du Midi n'a fait qu'un tour, d'une inattaquable correction. Je ne m'en fie pas à l'appréciation des journaux. Si l'*Union* publiait demain, en toute bonne foi, cette courte phrase : « M. Gambetta a présidé la séance avec une extrême impartialité, » il est hors de doute que les lecteurs de la vieille feuille vendéenne pousseraient des ululements furieux. Avant tout, il convient de ne pas heurter l'abonné. Mais j'ai entendu parler à ce sujet des gens de tous les partis. Le résumé des opinions est que M. Gambetta préside bien, moins solennellement que M. Grévy, un peu en « bon enfant », mais avec une autorité réelle. Il sait, à de certaines heures, forcer la majorité à respecter le droit du petit nombre. N'a-t-il pas, l'autre jour, énergiquement fait tête à la Gauche, lors du discours de M. de Cassagnac père? Il y a encore bien de l'italien dans ce petit-fils de génois.

Si je me suis aussi complaisamment étendu sur cette figure, c'est que Gambetta est, par excellence, l'homme du jour. Sera-t-il l'homme de demain? Ici, je ne sais que dire, aussi embarrassé que le sculpteur de la fable devant son bloc de marbre : « Sera-t-il dieu, table ou cuvette? » Le président de la Chambre est placé entre M. Jules Simon, qui vient de chausser résolument les vieilles bottes de M. Thiers, et M. Clémenceau, en qui les intransigeants saluent une manière de Saint-Just. Gambetta, l'inventeur des nouvelles couches, ne prêtera jamais les mains à la politique démodée de M. Simon. D'autre part, je n'oublie point qu'il y avait jadis, dans sa circulaire aux électeurs des Bouches-du-Rhône, ce passage très net : « Les démagogues sont de deux sortes : ils s'appellent César ou Marat. » A quoi Ranc répondit superbement, si je ne me trompe : « Que t'a donc fait Marat, ô Gambetta, que tu lui infliges cette suprême injure de le comparer à César? » Le chef de l'opportunisme est sur une corde roide. — L'opportunisme! Voilà le grand mot lâché. Il faudrait avoir les yeux des « pires aveugles » pour ne pas voir que, sans l'opportunisme, il y aurait depuis six ans une autre forme de gouvernement que la République en France. Léon Gambetta a indubitablement rendu à la cause républicaine des services sans prix. Peut-il compter sur la gratitude de ses concitoyens? Ne sera-t-il pas emporté, nouveau Romulus, dans une tempête? Je souhaite pour lui qu'il fasse mentir le mot du plus sombre politicien qu'il y ait eu au monde : « Les peuples reconnaissants sont des peuples perdus. »

## CHRONIQUE DU MONDE

Je me doutais bien que, à cette époque-ci de l'année, le rédacteur en chef de l'*Événement* viendrait troubler ma quiétude et renouvellerait sa tentative de l'autre jour. La *saison*, comme disent les Anglais, va commencer sous peu. Les Casinos des bains de mer et des villes d'eau ont éteint leur dernier lustre. Les salons, les théâtres et les tavernes de la grand'ville brillent de mille feux, ainsi qu'il est chanté à l'Opéra-Comique. La quadragénaire et légendaire baronne de P..., une gamine sans laquelle Paris ressemblerait à une nécropole, ouvre sous peu ses salons. C'est cette grosse dame-là qui, bien inconsciemment, a été la cause de la mésaventure qui m'est arrivée hier. « Êtes-vous invité chez la baronne de P..., mon cher ami ? » m'a demandé mon rédacteur en chef. — « La baronne de P...? ai-je répondu avec une nuance d'embarras, je ne la connais que de nom. Toutefois, je pourrais aisément me faire présenter à elle. J'ai quelques relations avec le comte de T... Il me rendrait d'autant plus volontiers le service de me conduire chez la baronne que, ayant gagné dix-sept francs à ce cher comte, au bezigue chinois, j'ai eu la délicatesse de ne les lui pas réclamer. Je le crois gêné en ce moment. — Vous n'allez donc jamais dans le *monde* ? »

A ce point d'interrogation, j'ai frémi. « Pardon, pardon, ai-je riposté vivement, je vais souvent dans le monde. Tenez, la semaine prochaine, je danse chez les Gabotteau. — Gabotteau ? Qu'est-ce que c'est que ça ? » *Qu'est-ce que c'est que ça ?* était raide. J'ai voulu avoir le dernier. « Les Gabotteau, ai-je dit non sans aigreur, sont de vieux amis de ma famille, enrichis dans la bonneterie. Né vers 1817, M. Gabotteau est arrivé à Paris en 1839. A ce moment, le bas de fil d'Écosse n'avait pas atteint... » Un sourire ironique de mon interlocuteur m'a glacé. Il y a des moments où l'on donnerait une forte somme pour avoir eu un aïeul haché menu-menu à Fontenoy. Je ne me suis pas laissé démonter, néanmoins. « Les Gabotteau ne sont pas les premiers venus. Leur délicieux appartement de la rue Bourtibourg reçoit tous les hivers une société aussi nombreuse que choisie. Or, comme l'*Evénement* est un journal à la fois politique et parisien, je pourrai... » Un nouveau sourire, plus ironique encore que le premier, a rompu cet entretien fâcheux.

Et cependant je ruminais déjà une chronique pleine de verve. Il y a bien des observations fines à glaner dans le salon de la rue Bourtibourg. Je laisse de côté M. Gabotteau, notable commerçant, aspirant à un siège au tribunal de commerce, dévoré d'ambitions sourdes et municipales. Type effacé! mais le reste de la famille n'est pas sans relief. Le jeune Gabotteau imite à ravir Vauthier, de « la Renaissance ». La petite Anna Gabotteau, dont l'*éducation* fait l'orgueil de cette famille, a des cheveux frisottés sur le front, chante la polka de Farrbach, a lu l'*Assommoir*, se plonge dans *Nana* et appelle son professeur d'accompagnement « vieux dab ». Tout me porte à supposer que cette jeune personne, qui cherche à *montrer son éducation* (nos ancêtres étaient plus francs et appelaient carrément les choses par leur nom vrai) au premier venu, tout me porte à supposer, dis-je, que cette jeune personne ira loin et réserve plus d'une surprise à ses honorables parents. L'oncle Gabotteau, personnage échappé d'un roman de Paul de Kock, joue du cor d'harmonie. Cette smala est une mine, et une mine que je ne puis exploiter!

J'ai quitté, le visage triste, les bureaux de l'*Evénement*. En marchant, je rêvais. Quel beau rêve! Un de mes aïeux avait été horriblement massacré à Crécy. Avant d'expirer dans d'horribles douleurs, il n'avait pas négligé de prononcer une parole historique. Quelle parole historique? Il y avait là, dans mon rêve, une sorte de lacune. Enfin, la parole était à trouver.

Je portais « d'argent à trois chevrons de gueule ». Il y avait, dans nos archives de famille, archives qui formaient mon unique mais pieux héritage, une lettre du bon roi Louis douzième à un de mes ancêtres, lettre écrite avec des jambages immenses et dans une orthographe primitive, et se terminant ainsi : « Ton Roy. Lovis, » et plus bas : « Escrit de mon chastel d'Amboise. » Je possédais, sur la limite du Rouergue, une gentilhommière crénelée et tombant en ruine, de haute mine pourtant, qui avait dû soutenir plus d'un siège et qui semblait encore insulter à la plaine. Inutile de dire que cette féodale masure était habitée par un vieillard dont les pères avaient servi les miens, un de ces serviteurs qui *naissent et meurent* dans les familles.

J'entrais chez la baronne de P... — toujours dans mon rêve. La baronne accourait au devant de moi, me tendant ses deux mains emprisonnées dans des gants à quatorze boutons. « Eh! c'est ce cher marquis! s'écriait-elle. Comme vous vous faites rare. » — « Le marquis préfère peut-être la Chaussée-d'Antin! » insinuait finement la douairière de B... qui m'avait fait sauter, tout petit, sur ses genoux. Moi, froid, dédaigneux, portant sur mon front les précoces pâleurs d'une vie excessive, j'écoutais avec un sourire vague. « *Ces dames de la finance*, ajoutait la baronne, détachant ces mots de façon sarcastique, sont peut-être fort aimables. » J'avouais du bout des lèvres que, en effet, à la suite de je ne sais quel hasard, je m'étais, durant quelque temps, encanaillé avec des agents de change et des banquiers. « Ces gens-là, disait le vieux duc de M..., qui a perdu un de ses bras à la Pénissière et qu'on écoute comme un oracle, ces gens-là ont des salons tout en or, n'est-ce pas? Vous avez dû fort vous ennuyer, jeune homme. Enfin, voilà l'enfant prodigue revenu ! » J'étais jeune et superbe, comme aurait dit Talma. Je rayonnais.

La réalité, sous la forme de mon valet de chambre sortant de sa loge et me remettant mes lettres, brisa ce rêve délicieux. Je compris qu'il fallait, à tout prix, paraître un « homme du monde » aux yeux de mes collaborateurs de l'*Evénement*. Je saisis une plume d'une main fiévreuse. Et, après avoir rapidement élevé mon âme vers le ciel où le vicomte de Launay et Eugène Guinot semblaient me contempler avec une évidente satisfaction, j'écrivis une « chronique mondaine ». J'en extrais l'anecdote suivante, que je ne saurais trop recommander aux lecteurs qui aiment ce genre de littérature.

« .... Avant-hier, à l'Opéra, aux débuts de l'intermittente M$^{lle}$ Heilbron, dans *Faust*, on se montrait avec curiosité un couple charmant qui se trouvait dans une première loge. Le jeune homme était beau, de cette beauté brune, rude et robuste, qui a si souvent tenté le pinceau du Carrache. Sa femme formait avec lui un contraste piquant. Blonde, vaporeuse — échappée d'un keepsake — elle paraissait se serrer, craintive, contre son époux. Et lorsque le ténor soupira d'une voix « serrée à la gorge » (ce que les femmes appellent *chanter avec âme*) la phrase délicieuse du maître : « Ne permettrez-vous pas, ma belle demoiselle ?... », il sembla que la poitrine de la jeune épouse se soulevait, gonflée d'une émotion contenue.

« Ce mariage est tout un roman. M^me de Girardin l'eût raconté en dix feuilletons ; il me le faut raconter en dix lignes. Il y a trois mois, M^lle de K..., une des riches orphelines du faubourg Saint-Germain, se promenait au bois avec son tuteur le vidame de Saint-Y... M^lle de K... montait Patte-d'Araignée, sa jument favorite. Au tournant d'une allée, Patte-d'Araignée *s'emballa* et partit à fond de train. La situation était terrible. Un jeune commissionnaire, qui passait par hasard, s'élança, n'écoutant que son courage, saisit l'animal à la bride et parvint, après s'être laissé traîner durant plus de cinquante mètres, à maîtriser sa fureur.

« On porta M^lle de K..., évanouie, à la maison du garde, où, pâle, tremblant, accourut le vidame de Saint-Y...

« Elle vit ! s'écria-t-il.

« Et, dans sa joie, il tendit sa bourse au commissionnaire. Le jeune homme secoua la tête et refusa avec un triste sourire ces pièces d'or qui peut-être représentaient deux cents courses.

« — Quel est votre nom, au moins ? fit le vidame.

« Lui, posant sa large main sur sa plaque, comme pour comprimer les battements de son cœur :

« — On me nomme Farfouillat, dit-il simplement.

« A ce moment, M$^{lle}$ de K... sembla revenir à elle. Du regard, elle chercha son sauveur. Les deux jeunes gens eurent un frémissement involontaire. Stendhal a écrit la théorie du *coup de foudre !*

« Un mois après, il n'était bruit dans la rue de Lille que de l'état de langueur de M$^{lle}$ de K... La jeune fille s'éteignait. Le vidame, qui sans doute avait reçu les confidences de sa pupille, était sombre. Un matin, on crut que la jeune fille allait mourir. Le docteur Thévenet accourut en hâte. Il comprit tout. Il y eut un long entretien entre le célèbre praticien et le vidame de Saint-Y... Trois semaines après, une nombreuse réunion assistait, dans l'église Sainte-Clotilde, au mariage de M$^{lle}$ de K... avec son sauveur. Le soir, la duchesse de D... ouvrait le bal avec un des témoins du marié, Gobillot, dit Tape-dur.

« Ainsi répond victorieusement le faubourg Saint-Germain à ceux qui l'accusent de hauteur et d'exclusivisme. »

Ma chronique contenait encore deux ou trois anecdotes de ce genre. Le rédacteur en chef de l'*Evénement* en a loué le tour heureux et la forme piquante, mais l'a refusée net. « C'est invraisemblable, » a-t-il dit. En vain lui ai-je fait observer qu'Eugène Guinot, déjà nommé, avait marié, dans sa longue carrière de chroniqueur, plus de cent conducteurs d'omnibus à de riches héritières de la rue de Varennes. Je me suis heurté à un parti pris.

Je renonce donc à la chronique mondaine et retournerai gaiement chez les Gabotteau. Là, point d'afféterie ni de vaines manières. Le père Gabotteau a refusé plus d'une fois, avec une louable énergie, de se séparer des petites boucles d'oreilles qu'il porte depuis 1828. L'oncle Gabotteau, dédaigneux des préjugés mondains et ne consultant que l'intérêt bien entendu de son estomac, met du vin dans son bouillon. Le jeune Gabotteau, la première fois qu'il m'a vu, au lieu de se renfermer dans cette froide réserve que les gommeux considèrent comme le dernier mot de la distinction, m'a amicalement appliqué une tape sur l'épigastre, et m'a dit à l'oreille : « Nous allons donc casser le cou à quelques vieilles bouteilles, ma bonne branche ! » Brave et loyal jeune homme ! la cuisinière elle-même, avec cette familiarité patriarcale qu'Homère, en son *Odyssée*, prête à la vieille servante de Télémaque, annonce le dîner sous cette forme primitive : « V'là la soupe! » Cette maison me plaît. Puis, pour faire une part à la faiblesse humaine, et si je me souviens bien de certains appels de genou fort significatifs, je crois que la petite Anna Gabotteau ne me voit pas d'un mauvais œil.

## UN SCANDALE

La Comédie-Française — à la différence des académies de province et des honnêtes femmes qui, au temps de Voltaire, ne faisaient point parler d'elles — préoccupe vivement l'opinion publique. Mlle Agar vient de combattre un rude combat contre le très intelligent industriel qui administre cette réunion de comédiens. Mlle Agar est une belle grosse dame d'un certain âge, qui ne manque pas de talent. J'imagine que, tout comme sa camarade, Mlle Bernhardt, elle n'est pas ennemie des « tapages et des tintamarres ». Mes confrères ont déjà exposé les griefs de cette artiste irritée. Je n'y veux revenir qu'en passant.

Mlle Agar est d'une portraicture facile. Elle est blanche et brune. Le nez, plus bourbonien que de raison, décèle l'origine. Il y a sept ou huit cents dents dans cette bouche, qui aime à sourire. La voix a des notes chaudes, vibrantes, pleines de passion. Les yeux sont tout sillonnés de veines. Avez-vous remarqué que ces yeux-là, qui ressemblent à des agates, sont les yeux des races dispersées et errantes ? M^lle George, cette M^lle George dont l'image hante encore le cerveau de quelques Anacréons octogénaires, ne devait pas avoir de plus beaux bras que M^lle Agar. C'est une créature d'une vigoureuse venue. Juive, elle a couru le pays et fait fortune.

Aujourd'hui, elle met au pied du mur l'administrateur de la Comédie-Française. Dieu, dont les desseins sont plus impénétrables que le caoutchouc vulcanisé, ayant jugé opportun de rappeler à lui M^me Guyon, M^lle Agar réclame à cor et à cris *l'emploi* de la défunte et le titre de sociétaire. M. Perrin, qui estime outrecuidantes les prétentions de M^lle Agar, fait la sourde oreille. De là le conflit. Si j'avais voix consultative, j'opinerais hautement pour M^lle Agar. La titulaire actuelle, M^lle Favart, tourne fâcheusement au grand premier rôle de mélodrame. Elle est plus faite pour les tirades macaroniques de M. d'Ennery que pour la prose d'Augier. Sarcey a prédit à cette comédienne un bel été de la Porte-Saint-Martin.

Aussi bien, le cas de M^lle Agar n'est point de ceux qui doivent émouvoir les masses. A dire le fond de ma pensée, je me soucie de cette aventure comme d'une guigne. Le vrai est que la Comédie-Française vient de prouver, une fois de plus, qu'elle est une coterie. Le litige de M^lle Agar m'est purement une occasion d'imprimer vif ce que j'entends dire partout. La Comédie-Française, à laquelle les contribuables fournissent une subvention énorme, se moque absolument du peuple. Ces messieurs et ces dames, sous couleur de réparations urgentes, ont traité avec un impressario d'outre-Manche, et vont gagner une foule de gros sous. Ces messieurs-là et ces dames-là, n'en déplaise à mes confrères qui me semblent garder de Conrart le silence classique, font en ce moment preuve d'une très curieuse impudence.

Il est tout à fait monstrueux que les comédiens du Théâtre-Français se livrent à des spéculations de ce genre. Le bon sens public ne leur en reconnaît pas le droit. Il n'est pas un ouvrier de Rouen, de Lyon ou de Bordeaux qui, en achetant quatre sous de tabac, ne paye indirectement ces comédiens. Une circonstance surgit qui permet à ces artistes de faire « un tour de France », de révéler à la province le grand art du débit dont ils ont gardé le secret, d'accomplir presque un devoir, en somme. Croyez-vous qu'ils en profitent? Ah! va-t'en voir s'ils viennent, Jean. Paye, mon pauvre Jean, paye toujours. Cependant que tu payeras, ces comédiens — tes tributaires, tu entends — iront faire à Londres une *saison* fructueuse.

Le traité est avantageux, paraît-il. L'entrepreneur de là-bas a garanti une recette quotidienne de six mille francs, à ce qu'on raconte sous le manteau. Vous sentez que ce *minimum* est tout bonnement une précaution prise par les artistes du Théâtre-Français. La Compagnie se transportant tout entière à Londres, il est hors de doute que les recettes seront fort belles. Par un vieux levain de chauvinisme dont je ne puis me défendre, je souhaite de grand cœur que nos comédiens français aient un vif succès, je l'avoue. Après quoi, ils feront leur caisse et se partageront les guinées. M. Perrin se frottera les mains à s'enlever la peau. Eh bien! et toi, Jean, mon compère?

Dans ce pays-ci, on est vraiment d'une indulgence qui passe l'entendement. On a pour les comédiens des tendresses presque féminines. Le public aime à subir des gourmades, de même que Martine. Et si le voisin Robert, sous la forme d'un publiciste à coudées franches, se mêle de la chose, chacun est près de crier « au fâcheux ». Il est pourtant bien tangible que les comédiens du Théâtre-Français se jouent odieusement de nous. Il faudrait, pour son édification personnelle, que M. Perrin mît le pied dans un de nos cercles. Il en entendrait de belles à son endroit. L'équipée de la Comédie-Française provoque, chez les gens qui s'occupent des questions parisiennes et artistiques, une réelle stupeur.

Ils s'érigent en maîtres, les comédiens. Nous qui les faisons vivre, nous sommes la matière taillable, corvéable et, par surcroît, *moquable* à merci. On me dit que M. Bardoux, le mieux intentionné et le plus euphuïste des hommes, a signé je ne sais quelle autorisation à ces comédiens ordinaires de tous les gouvernements. J'en ignore. Ce qui crève les yeux, c'est le sans-gêne de ces gentlemen. Je me demande, sans pouvoir me répondre à moi-même, ce qui serait advenu si, au temps de Scarron, les gens de théâtre avaient affecté de semblables allures. On eût jeté la grosse Bovillon dans un cul de basse-fosse, pardine ! Notez que je ne regrette pas les errements du temps évanoui.

A coup sûr, les arguments ne manqueront pas, en façon de riposte, aux comédiens du Théâtre-Français. Je les entends d'ici : « La salle, pourront-ils dire, menace ruine. L'architecte le plus inexpérimenté se rendrait aisément compte de cet effroyable délabrement. Comme les rats, nous fuyons le bâtiment en détresse. Où voulez-vous que nous allions ? A Pézenas, peut-être ? Ne pensez-vous pas qu'il vaut mieux, pour l'honneur même du nom français, que nous montrions à l'étranger à quelle hauteur s'est élevé, chez nous, l'art dramatique. Sans compter que notre camarade, M. Febvre, a reçu du prince de Galles une canne qui risque de devenir légendaire. Une politesse en vaut une autre, que diable ! » Je ne sais si le prince de Galles a donné à M. Febvre, artiste consciencieux, la canne qu' « Anna donna à Canada ». Ces plaisanteries-là nous touchent peu. Il n'est pas discutable que les hauts barons du *Roman Comique*, qui tiennent leurs assises au

Palais-Royal, *font une affaire*. Or, il doit y avoir quelque part un cahier des charges qui leur interdit ces facéties-là.

Vous vous rappelez les basses discussions qui ont eu lieu à propos de cette campagne de Londres. Les sociétaires ne voulaient point que les pensionnaires touchassent l'indemnité qu'ils touchaient eux-mêmes. Il convient de croire qu'un sociétaire est un personnage *sui generis*, tout confit en importance et en dignité. Ah! justice du ciel! Où est le temps où Shakespeare, ivre de génie, jouait dans les granges et indiquait aux matelots d'alentour les dispositions de la scène. « Ce mur blanc est le château où vont pénétrer Macduff et Malcom. Vous voyez bien ce siège en chêne. Imaginez que c'est un balcon. Juliette va s'y accouder. Moi, Roméo, je lui chanterai le chant d'amour qui brûle jusqu'aux replis les plus intimes de mon âme. » Et de tout ainsi. *This my whim, Harry !* Telle est ma fantaisie, Henri! Ah! que nous sommes loin de ce sublime histrion! Et comme les négociants de la rue Richelieu comprennent mieux leurs petits intérêts! A parler franc, tout cela pue la boutique.

En fin de compte, je veux donner un dernier coup de marteau sur *le clou*. Il n'y a pas, encore une fois, un paysan qui, sous une forme quelconque, n'apporte son obole à la subvention que touche le Théâtre-Français. Il se présente une occasion unique. En deux mois, les premiers comédiens de notre pays pourraient initier la province aux harmonieuses traditions du bien dire. Non. Ils vont à l'étranger grossir leur magot. Cela est simplement honteux. La Comédie-Française, compagnie jusqu'ici respectée et où se trouvent de fort galantes gens, est en train de commettre un véritable scandale !

# UNE TRAVERSÉE

La scène représente le pont d'un bateau, faisant le service de Boulogne à Folkestone. Le à *Dieu va !* sous forme d'un coup de sifflet, a été jeté depuis dix minutes. Une jolie brise de Nord-Est souffle. Déjà, le roulis est remplacé par l'abominable tangage. A l'arrière, MM. les sociétaires de la Comédie-Française se groupent dans des poses diverses. Sur l'avant, quelques pensionnaires sans importance devisent avec mélancolie. Dans l'entrepont, MM. Tronchet et Masquillier, deux *utilités* à estomac résistant, ébauchent un piquet en deux cent vingt-et-un liés. Il est huit heures du soir. La pâle lune sort d'un gros nuage et semble accompagner le bateau, comme un point sur un mât.

## A L'ARRIÈRE

M. PERRIN. — Je vous jure, ma chère amie, que vous êtes charmante dans l'*Étrangère*. Vous auriez mille fois tort de ne pas jouer ce rôle-là pour votre début.

M<sup>lle</sup> BERNHARDT (*vibrante*). — Jamais !

M. PERRIN. — Réfléchissez. La Comédie vous laisse d'étranges libertés. Seule de toutes vos camarades, vous aurez le droit de consacrer aux salons de l'aristocratie anglaise trois soirées par semaine. Vous pourrez là dire des monologues, ébaucher des statuettes, faire des tours de gobelet, que sais-je! C'est un gros avantage dont il conviendrait de vous montrer reconnaissante. (*Baissant la voix, avec une pointe d'ironie*) Je ne parle pas du casuel...

M<sup>lle</sup> BERNHARDT (*digne*). — Monsieur!

M. PERRIN. — Mon Dieu, mon enfant, vous ne me comprenez pas. Loin de moi la pensée...

M<sup>lle</sup> BERNHARDT. — Je ne saurais, monsieur, écouter ces propos.

M. PERRIN. — Savez-vous que c'est un alexandrin qui vient de s'échapper de vos lèvres roses? Et un alexandrin pour de vrai. Il se tient sur ses pieds comme un myriapode, ma foi.

M<sup>lle</sup> BERNHARDT. — L'habitude! En tous cas, monsieur le directeur, veuillez ne pas offenser plus longtemps mes oreilles de mots à double entente. Casuel!

M<sup>lle</sup> SAMARY. (*Elle s'approche en sautillant.*) — Que dites-vous donc là? (*Un silence. Elle bat des mains avec des mines d'enfant gâté.*) Je veux le savoir, na, je veux le savoir. Ou je vais faire aboyer frefrère. Vous vous taisez. C'étaient donc des vilaines choses que vous vous racontiez! Alors je me sauve, bien vite, bien vite. (*Elle disparaît comme une petite folle.*)

M<sup>lle</sup> BERNHARDT. (*Elle regarde M<sup>lle</sup> Samary avec une sorte de fureur et laisse échapper une fiole de lait Mamilla dont elle s'était munie à tout ha-*

*sard.*) — Ce qu'elle est assommante, celle-là, avec son *capital!*

M$^{lle}$ Reichemberg. (*Elle a entendu le mot « capital » et pousse un soupir. Grave.*) — Jeanne est une heureuse jeune fille !

M. Perrin. — Allons, c'est entendu, ma chère Sarah. Vous avez trop de talent pour persister dans des mesquineries indignes de vous. Le public anglais, dont nous briguons tout à la fois les suffrages et les guinées, brûle du désir de vous voir et de vous entendre. Vous vous montrerez, je n'en doute pas, à la hauteur des nobles sentiments qui n'ont jamais cessé d'animer notre compagnie.

M. Thiron. — (*Il prend un grand verre de rhum.*) — Voyez-vous, mon cher Delaunay, il faut se prémunir contre le mal de mer. Il paraît que c'est horrible, ce mal de mer.

M. Delaunay. (*Il a un cerceau, une trompette et un tout petit tambour.*) — Oh ! moi, à mon âge, je ne crains rien.

M$^{lle}$ Favart (*pâle, jetant un coup d'œil à M. Delaunay et détachant les r du palais*). — Toujours jeune et brillant, lui !

M. Mounet-Sully. — Par ma dague! Il me semble que le cœur me tourne! (*Sa barbe se hérisse, convulsive.*) Quelle chienne de traversée !

M. Got. (*Il est appuyé sur le bastingage et cause avec MM. Febvre et Coquelin.*) — Je vous l'ai dit déjà et je vous le répète. Nous faisons une sottise. Un enfant de deux ans comprendrait que nous outrepassons étrangement notre droit. Vous êtes, l'un et l'autre, mes chers camarades, deux très galantes gens. J'ajouterai, compliments à part, que vous êtes deux *artistes*, dans le sens élevé du mot. Comment se fait-il que vous n'ayez pas senti, dès le premier jour, que notre conduite nous exposait à des commentaires aussi désagréables que justes? Que M<sup>lle</sup> Croizette veuille à toute force montrer ses bras, ses épaules et ses toilettes aux lords de là-bas, rien de plus naturel! Mais, nous! Ah! où est la Comédie-Française de 1855? Nous ne pensions qu'à l'art! Notre foyer était un salon. Jamais un banquier juif n'y eût osé pénétrer, le chapeau sur la tête. M. Perrin y a transporté les mœurs du foyer de la danse. En vérité, en vérité, je vous le dis, nos abonnements du *high-life*, nos démêlés avec la presse, notre voyage à Londres sont choses mauvaises. Encore un peu, et nous déconsidérerons tout à fait une compagnie qui était l'honneur de l'art dramatique en France.

### A L'AVANT

M. JOLIET. — Du diable! mais ces sociétaires se fichent du monde! Ils se croient à l'Hippodrome, ma parole d'honneur. Ils nous traitent comme M<sup>lle</sup> Elisa traite ses chevaux! Je proteste, moi, je proteste. Sans compter que, depuis le buffet d'Amiens, nous n'avons rien mangé. Ces procédés-là sont dégoûtants. (*A M^lle Bianca)* Qu'en pensez-vous, mademoiselle?

M^lle Bianca. — Je n'en pense rien. Tout m'est indifférent. Tenez, Joliet, je voudrais mourir.

M. Joliet. — Et pourquoi, bonté du ciel?

M^lle Bianca *(rêveuse)*. — Oh! homme, homme! ton nom est fragilité!

M. Boucher. — Que MM. les sociétaires se livrent à des opérations commerciales, je n'y vois rien à dire. Que, « roulés » par l'entrepreneur de *Gayety-Theater*, ils se rattrapent en ne payant aux auteurs que la moitié de leurs droits, je m'en moque. Mais qu'ils nous relèguent *aux secondes*, nous, les pensionnaires, — j'avoue que je trouve le procédé vif.

M^lle Thénard *(à M. Boucher)*. — Mon ami, du calme! Il faut souffrir ce qu'on ne peut empêcher.

M. Joliet. — Dites donc, Prudhon, est-ce que vous ne casseriez pas une croûte?

M. Prudhon. — Peuh!

M. Joliet. — Je suis affamé, moi. Les sociétaires, qui tiennent la bourse, devraient bien songer à nous. C'est le radeau de la Méduse que ce bateau-ci!

M. Barré. *(Il met le pied sur l'avant. MM. les pensionnaires se lèvent. D'une grosse voix enjouée.)* — Eh bien, mes enfants, ça va-t-il? On danse fièrement, ici. Nous sommes mieux, à l'arrière. Le tangage est moins sensible. Enfin, vous êtes jeunes. Heureux âge!

M. Joliet. — Monsieur Barré, est-ce que, au buffet de Folkestone, nous ne nous arrêterons pas un peu?

M. Barré *(à part)*. — Ah! ces pensionnaires! toujours les mêmes! Le vieux Shakespeare avait bien raison : rageurs comme l'onde! (*Froid.*) Monsieur Joliet, on mangera quand les sociétaires auront faim.

M. Davrigny. — Je m'explique difficilement...

M. Barré. — Votre ton, monsieur Davrigny, me fait comprendre que vous voulez émettre une pétition de principes.

Tous les pensionnaires. — Oui!

M. Barré. — Mes enfants!

Tous les pensionnaires. — Nous ne sommes pas vos enfants!

M. Barré. — Ecoutez la voix d'un homme qui, lui aussi, a été pensionnaire, et qui...

Tous les pensionnaires. — Nous n'écouterons rien!

M. Joliet *(talonné par des souvenirs historiques)*. — Du pain et la Constitution de 93!

M. Barré. — Mais, alors, c'est une révolte!

M. Joliet *(avec la voix de feu La Rochefoucault-Liancourt)*. — Non, monsieur, c'est une révolution.

## DANS L'ENTREPONT

M. Tronchet. — Quelle guigne! Nom d'un petit bonhomme! quelle guigne! Je ne *touche* pas un jeu. Encore sans ce diable de valet de carreau j'aurais pu compter *dix de blanc*! Allons, je vous attends, mon cher. Vous avez tous les *pique*, n'est-ce pas?

M. Masquillier. — Oh! mon Dieu, une dix-huitième, rien de plus.

M. Tronchet (*nerveux*). — C'est ça, c'est ça, accablez-moi sous le poids de vos railleries éternelles.

M. Masquillier *(à part)*. — Il parle bien! *(Haut)* J'ai de plus...

M. Tronchet. — Qu'est-ce que vous avez de plus?

M. Masquillier (*que la veine rend un peu commun*). — J'ai, de plus, un quatorze de *boutons de guêtre*, qui ne doit rien à personne.

(A ce moment un tumulte éclate. Les pensionnaires ont déserté l'avant et se sont précipités vers la retraite des sociétaires. M. Joliet, que la faim rend littéralement fou, se jette sur M. Febvre dont il prend le nez pour une vitelotte. On s'interpose. Tout à coup la cloche retentit. Des feux rapprochés apparaissent. C'est Folkestone.)

M. Perrin. (*Il est monté sur la passerelle, à côté du capitaine. A pleins poumons.*) — Et maintenant, mesdames et messieurs, aux affaires!

(*La toile tombe.*)

## L'ÉPIDÉMIE

L'épidémie, un instant enrayée dans sa marche, paraît reprendre avec plus d'ardeur que jamais. Il faudra, sous peu, un supplément aux journaux, supplément consacré d'une manière toute spéciale aux suicides. Quelle étrange et affreuse maladie! Hier, c'était un homme de soixante ans environ, de bonne allure et de façons convenables, qui est monté sur les tours de Notre-Dame. Après avoir jeté un coup d'œil sur les innombrables *ananké* que tracent, à chaque tournant du lourd escalier, en souvenir de Claude Frollo, les adolescents qui gravissent la basilique, le vieillard s'est penché en dehors, a hésité une seconde, puis s'est précipité dans le vide. Le crâne s'est aplati net. Une heure après, le robinet de la Morgue lavait ces restes mutilés et informes. Cet amas de chairs sanglantes était, le matin, un être pensant. Qui était ce vieillard? Quelle est la famille qui se presse aujourd'hui derrière la voiture noire?

C'est une vérité lumineuse comme le soleil que le suicide, si atténuantes que puissent être les circonstances qui l'entourent, constitue une pure et simple désertion. Barbey d'Aurevilly a écrit je ne sais où, dans la *Vieille Maîtresse*, je crois, que l'homme, jouant contre le destin, est de beaucoup plus fort que lui : en ce sens que l'homme a entre les mains une carte biseautée, le suicide, qui lui permet, le jour où il lui convient, de terminer brusquement la partie. Il ne faut admettre à aucun prix cette pittoresque et séduisante apologie du suicide, d'ailleurs singulière sous la plume d'un écrivain catholique. Abandonner le champ de bataille — et parfois de façon piteuse — cela s'appelle dans toutes les langues humaines une lâcheté. Il est, pardieu! simple de se soustraire par un coup de couteau, une balle de revolver ou une goutte d'acide prussique sur une muqueuse, aux responsabilités et aux douleurs d'ici-bas. L'homme qui lutte, qui souffre et qui vit est un brave.

Les études classiques sont étrangement pernicieuses à ce point de vue. On se heurte, à chaque instant, à d'enthousiastes déclamations sur la fin de Sénèque et de Caton. Sénèque et Caton sont des gaillards dont je me défie particulièrement. Généreux avant tout, je leur pardonne volontiers les pensums multipliés dont ils ont été pour moi la cause posthume et involontaire. Ce que je ne leur pardonne pas, c'est d'avoir inspiré à des peintres de l'école de David des tableaux que la gravure s'est fait un malin plaisir de reproduire à l'infini. J'ai encore ces deux Romains-là devant les yeux : leur barbe a effrayé mon âge tendre. Caton ne jouissait pas, à ce que je crois, de tout son bon sens. Ce fut, en son temps, un insupportable radoteur. Son *Delenda Carthago*, revenant à la fin de chaque discours, a dû prodigieusement agacer les nerfs de ses contemporains. Toujours la même note. C'était un frère Lionnet que ce vieil animal! Quant à Sénèque, les hasards de la plume m'ont permis, ici même, de dire déjà sur lui mon opinion bien nette. Ce philosophe du Portique, malgré le saignement de nez final qui l'a rendu immortel dans l'histoire, fut un agioteur, un coureur de tripots, au mieux avec les *meretrices* de son quartier, un fêteur à outrance que ma famille ne m'aurait certainement pas permis de fréquenter. Ces deux grandes figures ne m'émeuvent que médiocrement.

Je parle sérieusement. Chez les anciens, le suicide fut presque en honneur. J'ai cru longtemps, sur la parole de mon professeur de seconde, que le suicide était un grand acte de courage : ne comprenant pas, puisqu'on ne me le faisait pas comprendre, que ces illustres suicidés n'étaient retenus dans la vie par aucun lien. Ils se souciaient des dieux du paganisme, devant lesquels se prosternait encore la foule idolâtre, comme d'une vieille paire de cothurnes. Le jour où le **Nazaréen**, dégageant la doctrine de Platon, vint apporter au monde une morale, sinon nouvelle, du moins pour la première fois formulée en un tout, les hommes comprirent que le suicide était un crime.

Il faut donc, dans la mesure du possible, réagir contre cette tendance qui pousse tant de gens à la désertion du poste de danger qui s'appelle la vie. Ce n'est pas seulement à Paris, où il semble que tous les cerveaux aient la fièvre, c'est dans la France entière que s'étend, ainsi qu'une lèpre immense, cette monomanie du suicide. Ouvrez un journal, et voyez les dépêches télégraphiques. A chaque ligne, un suicide comme une tache de sang. Que les déclassés, les irréguliers, les enfants perdus du pavé des grandes villes, en un jour plus sombre que les autres, lâchent pied et aillent chercher le grand *peut-être*, soit, je veux bien pour un instant passer condamnation. Mais cette maladie, autrefois inconnue des paysans, commence à parcourir les campagnes. Le suicide nous étonne à peine, perpétré à un entresol du boulevard des Italiens. Il y a comme un vent de folie qui souffle sur nos têtes. Rolla en est réduit à sa dernière bourse d'or. Il boit un *philtre étrange*, à la façon de Ruy-Blas, donne de ses lèvres froides un dernier baiser à Marion et s'endort d'un sommeil sans lendemain. Ces morts-là ont même une sorte de poésie fausse qui fait pleurer, comme un oignon cru, les femmes entre deux âges. Mais, qu'on ne s'y trompe pas, il est maintenant du bel air de se tuer à Pressigny-les-Poireaux. La tribu des désespérés va tous les jours croissant en nombre. Bientôt on se montrera du doigt, comme un mammifère curieux, l'homme assez ferme pour demeurer fidèle au drapeau, et soldat déjà meurtri par plus d'une blessure, opposer quand même sa poitrine aux choses adverses.

Ah! sans doute, il faut du courage. Aussi convient-il de grandement honorer les malheureux qui boivent le calice jusqu'à la dernière goutte de lie. Nous, nous prenons la vie d'un cœur léger, comme nous entreprendrions une guerre. La vie nous fatigue-t-elle? Nous la jetons bas, ainsi qu'une guenille. On a trouvé sur un cadavre, au bois de Boulogne, un billet conçu dans cette forme aussi claire que laconique : « Je me tue parce que je m'ennuie. » Le spleen, qui nous est venu d'Angleterre avec les jockeys et les waterproofs, est maintenant une des excuses du suicide. C'est bien simple. — D'autres fois, un jeune homme aime (!) une vieille chanteuse d'opérettes édentée, jaune et riche, qui a des nostalgies de cabotine et le trompe gaiement avec un grand premier rôle de mélodrame. Que fait le jeune homme? Il achète un pistolet, court chez l'infidèle, débite une tirade apprise dans les romans de Dumas fils, verse des larmes qui ne sont pas le moins du monde agréables au Très-Haut et se brûle la cervelle. Là-dessus, la vieille dame redevient à la mode et a un regain d'aventures. Ça lui redonne deux ans de bon. Mon Dieu, comme c'est donc intéressant!

Je n'ai garde de railler les réelles douleurs et de faire à froid du facile stoïcisme. Le bourgeois qui, suivant l'expression populaire, est assis le dos au feu et le ventre à table, s'inquiète peu des souffrances d'autrui. Je sais qu'il y a des misérables dans le monde, ne serait-ce que les affamés dont je racontais l'autre jour l'affreuse misère. Hugo les a chantés avec sa grande voix pleine de poétiques sanglots. Les vrais désespérés, d'où que vienne leur désespérance, ont droit au meilleur de nous-mêmes. Il faut aller à eux de tout notre élan. Aussi je ne songe pas sans un invincible serrement de cœur à la dernière minute que vit un homme, avant de se tuer. Je ne parle pas des gens énervés et affolés qui se tuent dans un accès de fièvre chaude; je parle de l'être calme, résolu à abandonner la lutte, qui prend un revolver d'une main ferme et l'approche de ses lèvres entr'ouvertes. Il y a sans aucun doute, au moment où le doigt va presser la gâchette, un flot d'idées à la fois tumultueuses et claires qui traverse le cerveau. On revoit tout le chemin parcouru. Le passé et le présent apparaissent ensemble. Peut-être même, à cette suprême seconde, l'homme qui s'est condamné et qui s'exécute a-t-il comme une vague perception du grand inconnu : tels les yeux des moribonds semblent regarder un je ne sais quoi que nous ne pouvons voir.

C'est comme une formidable lueur. Puis le coup part. Il y a, dans la grande armée humaine, un déserteur de plus.

Je ne voudrais pas abuser de l'indulgence qu'on m'accorde, quand il m'arrive d'aborder ici des sujets plus graves que de coutume. Mais n'assistons-nous pas, chaque jour, à de lamentables spectacles? Notez que la littérature actuelle, suivant en cela les vieux errements que je raillais au début de cette chronique, célèbre sur son luth cette horrible épidémie et fait de tous ces suicidés des manières de héros. Où allons-nous, ciel puissant? Une perte au jeu : le suicide. La mort d'un être chéri : le suicide. Un amour sans issue : le suicide. Le suicide quand même et toujours, à tous les degrés de l'échelle! Tel est le remède souverain, telle est la panacée universelle en l'an 1880. C'est commode, bête et lâche!

## LE TRIMESTRE DU PLAISIR

Monselet a vu passer l'autre jour le premier masque de l'année et, respectueux de tous les courages, l'a salué d'un grand salut. Il a écrit dans ce journal, en l'honneur de ce premier masque, vingt lignes qui ressemblaient, ma foi, à un dithyrambe. Monselet ne m'en voudra pas si je confesse que ce dithyrambe m'a quelque peu surpris. Le carnaval s'annonce lugubre. Ce trimestre de soi-disant plaisirs, enraciné dans nos mœurs, commence ses pirouettes sur les cadavres de bébés morts de faim et de vieilles femmes mortes de froid. J'ai aperçu samedi soir, se rendant à je ne sais quelle musette des boulevards extérieurs, une pauvre grosse fille qui rasait les murs et cachait les nudités de son torse sous un mauvais bout de châle à carreaux. Je la regardai en pleine face, quand elle passa sous la lumière crue d'un réverbère. La pluie fine et mêlée de neige avait tracé deux rigoles sur le plâtre de la figure. La bise avait mis dans ses yeux noircis deux larmes qui tremblaient et paraissaient près de geler au bout des cils. Ma parole, mon cher Monselet, je ne me suis pas senti en humeur de dithyramber.

Il faut, à ce qu'il semble, que nous nous conformions quand même aux usages reçus et aux traditions acceptées. Si j'avais sous la main le *Dictionnaire de la Conversation*, je me payerais le luxe d'une science inattendue. J'expliquerais les origines du carnaval. Je ferais, comme par hasard, une excursion dans le passé. Quelques mots grecs et quelques mots latins, espacés de manière ingénieuse, donneraient aux lecteurs de l'*Evénement* une haute idée de mon érudition. Le moyen âge ouvrirait aussi un vaste champ à des commentaires que ne négligerait pas un rhétoricien. A lui seul, le carnaval de Venise peut fournir deux cents lignes — sans musique. Et Rome, que je n'aurais garde d'oublier! Quelle aubaine pour le chroniqueur! Le sang dans les palais et la joie dans les rues! Les sanglots et les rires! Borgia et Pulcinello!

Il est clair que cette tendance à développements faciles est une ornière où verserait un naïf. Je saurai résister à la tentation et, quoi que j'en aie, je n'ouvrirai pas le volume ci-dessus mentionné. Il me suffira de jeter un coup d'œil sur notre carnaval parisien, autrefois brillant, aujourd'hui pitoyable. Si lord Seymour, ressuscitant comme ce héros de féerie que les Ecritures appellent Lazare, revenait sur le boulevard de Gand, *alias* des Italiens, à la place même qu'occupait jadis le café de Paris, il voilerait de ses mains patriciennes son visage enflammé par l'alcool et se refuserait à reconnaître sa bonne ville. Il se heurterait à une fontaine édifiée par un autre Anglais, sir Richard Wallace. De l'eau! quelle honte!

Avouons-le, *Mylord Arsouille* aura été le dernier des viveurs carnavalesques. La *descente de la Courtille*, qui fait passer un vague sourire sur les lèvres sans dents de quelques rares vieillards, n'offre plus de sens précis à l'imagination de nos contemporains. Rodolphe de Gérolstein, défendant Fleur-de-Marie contre le Squelette et Nicolas Martial, nous semble un personnage aussi fabuleux qu'Hercule au milieu des écuries d'Augias, Roland à Roncevaux ou le bon roi Godfrin dans le camp d'Agramant. « Nous en avons fini avec ces saturnales! » dirait le comédien Geoffroy. La vérité est que lord Seymour a emporté avec lui le secret de ces joyeux tumultes. Une légende que je n'ai pas le temps de contrôler prétend même que, chaque année, un trio grotesque et touchant à la fois — un pierrot, un chicard et une laitière — va déposer des immortelles sur le mausolée du gentilhomme saxon. Hommage pieux! Le trio se frappe la poitrine et répand des pleurs. Puis, se redressant tout d'un coup, il pousse, avec un ensemble qu'on n'a pas encore trouvé à l'Opéra-Populaire, ce cri de fête qui demeure hélas! sans écho : « Ohé! ohé! les autres! »

Là-dessus le carême arrive. Il est interrompu dans son cours sous le prétexte de je ne sais quelle orgie de blanchisseuses. Le carnaval lance alors sa dernière chanson, ou plutôt laisse échapper son dernier gémissement. Les survivants d'un autre âge, à la parole desquels il ne faut pas absolument ajouter foi, affirment que de leur temps cette mi-carême était d'une inénarrable gaieté. S'il convient de les en croire, les secrétaires d'ambassade se promenaient par la ville déguisés en arlequins ou en mousquetaires rouges. Les grandes dames du faubourg Saint-Germain, tout ce que nous avons de mieux en fait de femmes, ne craignaient pas de courir l'aventure à l'abri de travestissements variés. C'était dix-huitième siècle et Porcherons en diable! Les survivants en question pensent même que les personnages politiques les plus *autorisés*, pour parler le charabia actuel, qui tend à faire de la langue française un idiome désormais inintelligible, éprouvaient un malin plaisir à se mêler, sous le masque, aux réjouissances populaires. Je ne voudrais pas affecter un scepticisme fâcheux, mais je me représente difficilement M. Guizot, costumé en débardeur, exécutant dans un bastringue le pas de l'*affaire Pritchard* en face de M$^{me}$ de Lieven, costumée en page Henri III. N'en déplaise aux ancêtres, ce sont là d'inadmissibles racontars.

Tout est morne aujourd'hui. A quelques coins de rue, on voit apparaître des gentlemen, dont les rouflaquettes indiquent la profession, qui grimpent en hâte à l'entresol d'un marchand de vin et qui se mettent, sans y être sollicités le moins du monde, à souffler comme des bœufs dans des cors de chasse. Ces gentlemen portent toujours, par dessus leurs culottes de couleur claire, de vastes bottes. Pourquoi? Ces bottes m'ont toujours étonné. Est-il stipulé dans les *monita secreta* du carnaval que, au jour impatiemment attendu de la mi-carême, on ne peut jouer *tontaine, tontaine, tonton*, sans être muni de bottes aussi étincelantes qu'inexplicables? Je ne sais. Je constate un fait qui a dû frapper les moins clairvoyants. Il y a des magasins de nouveautés qui font sortir des voitures chargées de masques. C'est simplement une réclame de façon américaine. Quelques reines du lavoir, parmi lesquelles il est de belles filles, exhibent leurs épaules nues sous la giboulée. Le soir, une vingtaine de pochards que les affiches appellent, non sans pompe, *les derniers chevaliers de la gaieté française*, font le grand écart sur l'air de *Bidard père, Bidard fils*. C'est tout. Carnaval est mort. Carême au visage pâle poursuit sa route, un plat de cendres à la main.

A vrai dire cet enterrement est un enterrement de dernière classe. Le bal de l'Opéra de la mi-carême, dont le nom seul plonge dans d'interminables rêveries les collégiens, les clercs d'huissiers de La Ferté-Loupière et les bourgeoises liseuses, est bien la plus piteuse mascarade qui se puisse imaginer. Un quadrille de commande étale ses grâces devant la loge principale. Il arrive parfois qu'un gentilhomme qui sort du cercle, où il vient d'avoir la passe de douze au tournant, fait une boulette d'un chiffon de cinq louis et l'envoie à une danseuse qui est en train d'attirer sur elle tous les regards par la façon réellement curieuse dont elle dresse la jambe le long de son épaule droite. Immédiatement cette phrase circule : « C'est le gros F... A-t-il du chic, cet animal-là ! » O Lauzun, ô La Fare, ô Fronsac, grandes ombres disparues dans l'éternelle nuit, que devez-vous penser là-haut ?

Je ne parle pas, et pour cause, de l'intrigue. L'intrigue a fait son temps. Le rendez-vous sous l'horloge, dont on retrouve quelques vestiges dans l'*Echo des Feuilletons*, n'existe plus maintenant que dans l'imagination de chroniqueurs réduits à la portion congrue. L'intrigue se borne à des dialogues d'un goût douteux. On se heurte à un *petit duc* ou à une *jolie Persane* qui vous retient par un bouton d'habit. Le loup cache le haut du visage. « Voilà deux yeux que j'ai vus quelque part ? » pense-t-on. « Devine qui je suis, dit la jolie Persane. Tu ne reconnais pas ma voix ? Je suis Marie. Te rappelles-tu la rue Saintonge ? *Tu n'étais pas si fier dans ce temps-là !* (??) Dis-moi, mon chien, paye-moi une boîte de fondants ? » En présence d'une demande aussi nettement formulée, que doit faire un galant homme? Est-il de son devoir de payer, oui ou non, la boîte de fondants? D'excellents esprits ont de longue date résolu la question dans le sens négatif. On refuse énergiquement. La naïve enfant s'éloigne alors avec des mouvements d'épaules qui dénotent un mépris mal dissimulé et vous décoche, à la façon des cavaliers parthes, cette épithète toujours blessante : «*Floueur*, va! » Telle est l'intrigue cherchée. On n'a pas perdu sa nuit.

Après cette émouvante station au bal de l'Opéra, il est de convenance d'aller s'enfermer dans un cabinet particulier. Oh! ce cabinet particulier! Cette glace sillonnée de noms! Ce perdreau froid! Cette carafe de tisane! Ce garçon à allure de conseiller d'État qui murmure discrètement à votre oreille : « *Une personne* demande monsieur au 4! » A cinq heures du matin, l'homme de trente ans, le viveur sans rival, celui qui « guide la bande » s'écrie : « Joseph! la *douloureuse*! » Cette manière classique de demander l'addition obtient généralement un succès de fou rire. « Pars-tu avec Geneviève? » fait celui qui « guide la bande » en s'adressant à un pauvre petit sans défense et en lui désignant une malheureuse créature qui, inquiète du lendemain, s'est assise devant le piano et, mélancoliquement, esquisse d'un doigt les dernières mélodies de Planquette. Cependant un jour blême commence à lécher la vitre. On relève le collet de son paletot. Les yeux tirés et la figure jaunie, on descend le grand escalier du cabaret. Le carnaval vient de s'éteindre. Le trimestre du plaisir est fini. Dieu de Dieu! que l'orgie est donc une belle chose!

J'en reviens à mon point de départ. Je crois que cette furie carnavalesque, si fort chantée sur les *timbres* du Caveau, a fait son temps. Notez qu'en province, le carnaval perd de jour en jour du terrain. Les Marseillais eux-mêmes deviennent froids. Indice grave et que je livre aux méditations de l'observateur! Par la période de deuils et de misères que nous traversons, ce trimestre du plaisir ne me paraît plus guère avoir de raison d'être. A mon humble avis, ces mascarades si chères aux races latines devraient à jamais disparaître de nos mœurs. L'heure sonne à ce point sérieuse pour les peuples que les niaiseries ne sont point de mise. Il semble que, par ce rude hiver notamment, le rire rende comme un son faux. Quant à moi, dussé-je passer pour un esprit chagrin, je n'aurai garde de regretter les chicards disparus. Je ne cacherai même pas qu'il me serait doux de contempler un jour Markowski, ce Polonais épique, assis — le visage baigné de larmes — sur les ruines du dernier casino!

## LE BOUT DE L'AN

C'est une coutume touchante et dangereuse que la coutume du bout de l'an. Hugo a écrit quelque part, en vers inoubliables, que les morts tombaient plus vite en poussière dans nos cœurs que dans leurs tombeaux. Le jour de l'enterrement, il y a des yeux mouillés de pleurs, des poignées de main émues, une douleur présentable, en somme. Un an après, les mêmes gens se retrouvent sur les mêmes chaises voilées de crêpe. Ils avaient un peu les nerfs à fleur de peau, douze mois auparavant. Ils sont aujourd'hui de sens rasséréné et consultent leur montre, durant que les coryphées entonnent le *Pie Jesu*.

En sortant de l'église, les groupes se forment, allument un cigare, et devisent d'un ton calme. Les phrases toutes faites qui réjouissent si fort Vivier, telles que : « Pauvre garçon ! qui aurait cru qu'il mourût de cette façon-là ! Il était bâti pour vivre cent ans ! — Une bonne nature de moins, en tous cas, » et autres, ne sont plus de mise, au bout de l'an. On ne se donne même pas la peine de les formuler, ne fût-ce que du bout des lèvres. Venir « au bout de l'an » est purement un acte de politesse — quelque chose comme une carte de premier janvier, ou une formule de fin de lettre. Le cigare allumé et dix paroles échangées à la hâte, chacun tire de son côté et court à ses affaires.

Si, conformément à la croyance catholique, l'âme immortelle, cette âme que Bichat déprimait en appuyant du pouce sur la matière cérébrale mise à nu, plane dans les sphères supérieures et voit la sinistre comédie du bout de l'an, je suppose que l'âme immortelle doit faire sur elle-même un singulier retour et ne pas regretter la vallée de larmes, de misères et de dugazons d'opéra-comique, où nous sommes condamnés à vivre. J'imagine que, tout particulièrement, vendredi dernier, l'âme railleuse de Laurier a dû s'en donner à cœur joie, là-haut. Du temps que cette âme-là habitait un corps et se manifestait par deux yeux pétillants de malicieuse finesse, elle n'avait point l'humanité en bien grande estime. De quel dégoût ne doit-elle pas être remplie maintenant, cette âme définitivement désabusée !

Les journaux avaient annoncé qu'une messe serait dite, le vendredi 19 septembre, à dix heures précises, en l'église Notre-Dame-de-Lorette. Craignant un encombrement, je suis arrivé un peu avant l'heure. La nef était tendue de voiles noirs, parsemés de grandes larmes d'argent.

Dans le chœur, la maîtrise s'installait : organiste insouciant, ténor et basse en surplis, enfants à calotte rouge et à voix blanche. Discrètement, le ténor toussotait et, en sourdine, essayait le *sol dièze* du *Qui tollis*. La veuve de Laurier entra, appuyée sur le bras de son père, le président Maquet, et suivie d'un jeune cousin, M. Henri Labbe.

Dix heures sonnèrent. M. Arthur Meyer, M. Joslé et notre camarade Émile Blavet vinrent s'asseoir dernière nous. Le prêtre commença les psalmodies. Il y a toujours, à ce moment-là, dans les cœurs les plus fermés, je ne sais quoi qui vibre. En dépit qu'on en ait, on pense à celui qui fut. La messe suivit son cours. Peu à peu, sur la pointe des pieds, sept à huit autres personnes entrèrent dans la nef. Quand le curé de Notre-Dame-de-Lorette eut donné l'absoute, je me retournai et, machinalement, d'un coup d'œil, je comptai les assistants. Nous étions quatorze. Une belle chambrée, mon cher Clément !

A la sortie, nous nous sommes réellement regardés avec stupeur. Faut-il le dire ? J'ai éprouvé un contentement bizarre, semblable à celui que Beyle prête à Julien Sorel : « Je ne méprisais pas encore assez l'animal ! » s'écrie Sorel en trouvant chez un homme une infamie plus grande que celle qu'il pouvait imaginer. Ç'a été complet. Pas un seul de ceux que Laurier a obligés de sa bourse, de son crédit, de ses relations, pas un n'était là. Bien et radicalement ignoble. Tout me porte à croire que le bon Dieu, le jour où il s'est ingéré de fabriquer la race humaine, était en proie à un doux accès d'aliénation mentale. Le mot que le maître Augier met dans la bouche de son marquis d'Auberive m'est revenu subitement à l'esprit : « Crève donc, humanité! »

C'est dans un journal, ardent défenseur de la cause républicaine, abandonnée par Laurier, que j'écris ces lignes. Je ne parle pas de l'homme politique. Je ne parle que de l'homme privé. Je m'explique très bien que des républicains convaincus, des républicains de la veille, ne soient pas venus rendre un dernier hommage à celui dont ils avaient énergiquement blâmé l'incompréhensible désertion. Ils l'avaient moralement mis hors la loi. Rien de plus simple. J'étonnerais fort mes lecteurs si moi, qui ai été le secrétaire de cet homme et pénétré plus que bien d'autres dans le secret de cette vie tourmentée, je leur disais de quelles souffrances dissimulées patiemment Laurier a expié cette faute de sa vie!

Aussi bien, c'est là une corde que j'entends ne pas toucher. Laurier a été la bonté faite homme. Jamais une infortune, d'où qu'elle pût venir, n'a frappé en vain à la porte de la rue d'Aumale. De quelle délicatese il entourait ses bienfaits de chaque jour, je serais impuissant à le dire. Ce traître, ce maudit était le meilleur des êtres créés.

Le gros financier Dreyfus, me parlant un jour du scepticisme affecté de Laurier, me disait : « Je l'ai vu mêlé à d'énormes affaires. Chaque fois qu'on faisait appel à ses sentiments, il *s'emballait* et perdait le sens sérieux. Il s'est imposé dans le monde de la finance par son esprit. Au fond, il était pratique comme une pantoufle. C'était un cœur de poëte et d'enfant! » Et de fait, ce jugement est un jugement vrai.

Une rapide anecdote à l'appui. Un jour, un de nos camarades me vint trouver. Ce camarade-là, un garçon vaillant et charmant, traversait une période dure. « Laurier pourrait-il me prêter deux cents louis? » fit-il. — « Diable, répondis-je avec cette bonhomie qui est le fond de ma nature, deux cents louis, ça n'est pas dix sous! » — « Je sais bien, répliqua le camarade. Explique-lui ma situation. » J'expliquai la situation à Laurier. « Tu ignores donc que deux cents louis font bel et bien quatre mille francs, » me dit Laurier, que ce mot *louis* agaçait, qui était demeuré bourgeois bourgeoisant, et qui eût volontiers compté par « écus ». Le lendemain, il envoya les quatre mille francs, lesquels devaient être rendus dans le délai de six mois. Un mois avant l'échéance, mon camarade reçut une lettre ainsi conçue ou à peu près : « Mon cher ami, je vous ai intéressé dans une affaire de *l'Ottoman-Bank*. Vous m'excuserez de vous avoir fait jouer gros jeu. Nous pouvions perdre beaucoup, nous avons gagné un tantinet. Pour votre part, vous êtes en gain de 3,870 francs. Ce n'est donc que cent trente francs que vous aurez à me payer dans un mois. » L'amour-propre était sauvé. — Je cite le fait, j'en pourrais citer mille. Ah! le cher méconnu!

Enfin, quoi! Il est mort, bien mort, et ne peut plus rendre le moindre service. Je ne m'explique même pas pourquoi les quatorze imbéciles d'avant-hier se sont dérangés. On n'est pas sot à ce point. Ces quatorze-là sont les don Quichotte du bout de l'an. Il faut, ma parole, qu'ils aient le bout de l'an « dans le sang » ou infiniment de temps à perdre. Le bon et doux Clément étant désormais dans l'absolue impossibilité de signer l'ombre d'un chèque, je ne comprends pas que quatorze natures héroïques se soient rencontrées, capables de venir flâner dans l'église Notre-Dame-de-Lorette — pour l'amour de l'art. Les « dix mille » de Xénophon me semblent de bien pauvres hères auprès de ces quatorze désormais classiques!

Clément Laurier avait eu une existence quelque peu accidentée. Aussi, je m'attendais bien à apercevoir, dans les bas côtés de l'église, deux femmes vêtues de noir et soigneusement voilées. Ah! ouiche! L'une, une grande blonde, qui a les pieds et l'esprit d'une Anglaise, une cocodette manquée, *demi-castor* de ce monde interlope découvert par Dumas, est je ne sais où. Qu'elle y reste! L'autre, bonne cabotine à la voix fausse comme un serment d'amour et au sang trop chargé de fer, est sans doute au pourchas d'un clown qui l'a rendue ivre de passion en marchant sur les mains. Vieille enfant!

Il y a eu, au milieu de cette indifférence glacée, une note consolante. En sortant de l'église, je me suis heurté à une grande jeune femme que je n'avais point entrevue. Celle-là — qui complète la quinzaine — est une danseuse de l'Opéra. J'entends qu'elle montre deux ou trois fois par semaine des jambes très ragoûtantes aux vieux abonnés de M. Vaucorbeil. C'est une profession que méprisent sans doute « les honnêtes gens ». Pas moins vrai que cette *ballerine* a quelque chose sous la mamelle gauche. De grosses larmes ravageaient la veloutine Fay de la pauvre fille. Je ne vous connais pas, mademoiselle, mais je vous remercie de tout mon cœur.

## LA FOLLE

La vie parisienne est la grande coupable. C'est elle, la magicienne fardée, qui brise tous ces reins, vide toutes ces moelles et détraque toutes ces cervelles. Nous devenons, sur cette boue chaude qui nous brûle les pieds, des êtres surmenés à ce point qu'aucun excès ne nous paraît anormal. Il n'est rien que nous ne poussions à l'aïgu. Nous ne saurions avoir des ambitions, des amours et des haines comme de simples mortels. Hommes et femmes, nous semblons emportés dans une danse de Saint-Guy. En vérité, en vérité, je me le demande, quelle est la machine humaine, pour bâtie à chaux et à sable qu'on la veuille supposer, qui résisterait à ces sauvages surexcitations de chaque minute ?

Vous connaissez la théorie fameuse : le cerveau est un cristal léger et clair. Que si l'individu est mal équilibré, la moindre émotion altère ce cristal. Paf! une fêlure. L'émotion est-elle vive, le cristal éclate en mille morceaux. Surgit alors un homme à tablier blanc, muni d'une lance à douches. C'est le marquis de Belloy, un bien délicat esprit, qui a imaginé cette théorie-là. Il observait les impondérés et les fiévreux de l'asphalte parisien avec une curiosité patiente que lui eût enviée le docteur Legrand du Saulle. Il a écrit le *Tasse à Sorrente*, un petit chef-d'œuvre oublié. Ce sage pratiquait passionnément l'étude de la folie.

Il pensait, comme Laténa, que l'imagination sans le jugement est le premier degré de l'aliénation mentale. Or, dans la vie actuelle, c'est l'imagination qui joue éternellement le grand rôle. Le jugement est un fâcheux qu'on laisse volontiers à la porte. Quelle « admirable matière à mettre en vers latins » n'eut-il pas trouvée, lui, le chantre attristé des tempéraments excessifs et des âmes malades, dans l'effroyable catastrophe qui vient de frapper ces jours-ci, en plein luxe et en pleine jouissance, une femme dont le nom est sur toutes les lèvres. Ç'a été comme un coup de foudre. La pauvre créature s'est mise tout d'un coup à sauter et à hurler. Des laquais ont dû empoigner et maintenir cette altière.

Nous l'avons tous vue, étendue dans son huit-ressorts, les yeux demi-clos, plus étrange que belle. Elle passait nonchalante, le front haut au milieu des vagues murmures, avec je ne sais quoi de lassé. Indifférence factice, si j'en dois croire un comte italien, gentilhomme à musique, qui a beaucoup fréquenté ce salon, aujourd'hui fermé. Au fond, cette impassible était une inquiète. Ce masque, sans muscles apparents, dissimulait bien des agitations et bien des orages. Semblable au Taupin de Dumas fils, cette femme avait *raté* sa vie. Elle avait approché d'un trône. Elle s'était, durant une heure que chacun se rappelle, grisée d'ambitions inouïes. Puis plus rien, rien qu'un tas d'or. Cette reine d'un jour n'était pas même une mondaine.

Certes, les gens de la noce qui, fidèles aux errements préconisés par le vieux Paul de Kock, accompagnent le marié et la mariée par les méandres du bois de Boulogne, devaient sursauter d'admiration quand paraissait l'indolente promeneuse. Généralement, les gens de la noce, une fois le lac dépassé, descendent de voiture, ôtent leurs gants trop justes, donnent un peu d'air à leurs doigts tuméfiés, déboutonnent leur gilet et, ennemis de la gêne, se livrent à des divertissements sans élégance. Le garçon d'honneur et la demoiselle d'honneur se débitent des madrigaux indignes même du *Parfait secrétaire des amoureux*. La mariée, rouge comme une pivoine, étouffe dans son corset. Le marié donnerait sept francs pour avoir le droit d'ôter un instant ses bottes. Qui sait si, parfois, la hautaine femme dont je parle n'a pas jeté un regard d'envie sur ces joyeux échappés d'une arrière-boutique de la rue des Francs-Bourgeois ?

J'ajouterai, en passant, moi qui ne suis pas grand clerc en ces choses, que cette malheureuse femme ne me paraissait pas avoir bon goût. Si, au lieu d'écrire dans une feuille quotidienne, guidé que je suis par l'appât du vil métal, j'étais un jeune seigneur « conduisant un char dans la carrière », je suis bien sûr que je ne mettrais pas d'énormes bouffettes aux oreilles de mes chevaux. Ah! le singulier attelage que c'était là! Trop éclatantes, les voitures, pas vrai? Une vieille guimbarde de la rue Plumet, conduite par un cocher septuagénaire, a meilleure allure, en vérité, que ces landaus dorés. C'était assurément un luxe d'irrégulière.

D'où venait-elle? La chronique parisienne s'est livrée là-dessus à des gloses sans fin. Je suppose que ces caquetages de reporter, dont je ne me ferai certainement pas l'écho, ne pourraient intéresser le lecteur que de façon médiocre. S'il fallait rechercher l'origine et fouiller la vie des belles dames qui tombent au milieu de nous comme des aérolithes, nous n'en finirions point. Elles sont là. Foin du reste! Tout me porte à croire que celle-là, ainsi que tant d'autres, arrivait en droite ligne de l'ensoleillé pays de Bohême. Or, vous savez que la Bohême n'est pas le moins du monde la région qu'ont délimitée des géographes prétentieux, mais une contrée vague qui se trouve partout — comme le *Solitaire* de M. d'Arlincourt.

La « nouvelle » s'était mariée à un homme qui ne manquait point de notoriété. Une notoriété en sous-ordre. Batteur de mesure de bastringues et compositeur de *machines* assez vives — polkas et valses « entraînantes » dans le genre des *Feuille de Rose* dont M. Klein inonde la place. Joli garçon, d'ailleurs, adoré des filles au rabais qui se pressaient autour de son orchestre, et destiné, sans conteste, à d'opulentes amours. « Pan, pan, » avait fait la demoiselle, en heurtant à l'huis d'un doigt rose. « Qui frappe là ? » avait répondu le musicien. « Pan, pan, c'est la fortune. » Le chef d'orchestre, qui connaît son Béranger par cœur, allait répondre : « Je n'ouvre pas. » Mais il se ravisa incontinent, fit accueil à l'inconnue et trouva que les flonflons de nos pères n'étaient point à dédaigner.

Elle, après un voyage je ne sais où, revint toute éblouissante de diamants, toute fière et toute brave. Les femmes, et j'entends des plus intelligentes, ajoutent volontiers foi aux phrases convenues. Ceci est un axiome que : il n'est pas de serrure qui résiste à la clef d'or. Elle avait la clef d'or, une clef d'or énorme, je vous prie de le croire, et, à son vif étonnement, ne put entrer nulle part. Elle espéra, du moins, que « le vrai monde » consentirait à prendre le chemin de sa demeure. Elle multiplia les invitations et les fêtes. Ce fut comme si elle eût chanté *Je regardais en l'air*. Le « vrai monde » fit la sourde oreille. Elle reçut trois ou quatre grands seigneurs désœuvrés, un demi-quarteron de crevés qui vont partout, une bande de boursiers parvenus, bon nombre d'aventuriers exotiques. Point de femmes. Ce fut un gros crève-cœur.

Je me suis laissé dire que, depuis le jour où elle comprit l'ostracisme dont elle était frappée, elle perdit son assurance. Elle eut bien encore, sans doute, à de rares intervalles, de ces gaietés voulues, sonores et fausses que nous connaissons. Au fond, elle s'assombrit de jour en jour. Cette femme ambitieuse, énergique, qui avait eu plus d'une fois l'occasion d'exercer sur les autres un empire absolu, sentit qu'elle se heurtait, impuissante, contre un obstacle dont jusque-là elle avait souri peut-être : le préjugé.

On a parlé du mal d'yeux qui, depuis quelques années, la tourmentait et la rendait atrabilaire. Je ne conteste pas que ne plus pouvoir « faire de l'œil » ne soit pour les dames une torture tout à fait chinoise. Néanmoins, celle-là avait, de longue date, renoncé à cet exercice puéril. Elle poursuivait un objectif sans cesse fuyant comme le mirage du désert. Vous vous souvenez peut-être de la joie immense qu'éprouve l' « Aventurière » d'Augier quand, pour prix de son renoncement, il lui est permis d'embrasser la main d'une honnête jeune fille. Je serais désolé de dire une bêtise, mais je pense bien ne pas me tromper. La réprobation continue, le mépris tacite, le refus de tout contact mondain, avaient tendu, irrité, exalté outre mesure les centres nerveux de la folle d'hier. On dit qu'elle va mourir. Fantaisies psychologiques à part, je ne serais point surpris qu'elle mourût tout simplement des saluts qu'on ne lui a pas voulu rendre.

Dénouement, hélas! bien parisien. Notre sol produit à chaque pas des catastrophes de ce genre. L'autre jour, il s'agissait d'un aimable compagnon, dont je vois encore la physionomie fine et prématurément flétrie. Le père avait gagné une des grosses fortunes de ce temps en passant toutes ses journées, depuis huit heures du matin jusqu'à six heures du soir, derrière un grillage protégé par une toile verte. Un banquier connu. Le fils s'était lancé dans la vie ardente. Le père en souriait et s'en enorgueillissait un peu. C'était son œuvre, ce jeune gentilhomme improvisé! Pensez donc! il était du *club!* Les outrances l'ont mené chez le docteur Blanche. Il en est sorti, il y a quelques semaines, dans la grande voiture noire. — Voici maintenant cette femme, plusieurs fois millionnaire, jeune encore, devenue subitement folle, folle furieuse et incurable, qui se débat entre les mains des valets d'hospice. Quelle latitude fertile en névroses, juste Dieu! Ah! la povera! N'a-t-elle pas droit, quel qu'ait été son destin, au plus sincère de notre pitié? Hier des parures de duchesse. Aujourd'hui, une camisole de force!

## LA MAISON DE LAMARTINE

Je viens de lire à l'instant, dans un coin de journal, que la Ville a enfin trouvé acquéreur pour le chalet où est mort Lamartine. C'est trois cent mille francs qu'a été vendu le dernier gîte du poète. Conformément aux stipulations antérieures, la Ville payera une rente aux héritiers. Voilà tout. Le grimoire d'un expéditionnaire emporte ce qui restait de cet homme qui fut tout à la fois si grand et si faible. L'acquéreur, vieilli dans le commerce peut-être, va bouleverser à son goût la maison de Lamartine. Il fera enlever des cloisons, déplanter des bouquets d'arbres, installer un « jeu de tonneau », que sais-je ! Sans fétichisme et sans poésie, n'y aura-t-il pas là une inconsciente profanation ?

Que de souvenirs évoquent ce jardin où pousse l'herbe folle et ce logis aux fenêtres béantes comme des trous ! L'homme qui a vécu là ses dernières heures est depuis longtemps allé rejoindre Chateaubriand dans l'oubli. Derrière la vitre de toute bibliothèque, se trouvent les volumes de Chateaubriand et de Lamartine, volumes aux feuilles collées et que ne fouille plus aucune main. J'ai grand peur que le poète des *Méditations* ne soit mort tout entier, sans avoir exhalé même le chant du cygne !

Ainsi est notre destin que les gloires, qui semblent le plus à l'abri du temps, s'évanouissent du jour au lendemain. Tous les jeunes gens de vingt ans connaissent le nom de Lamartine. Quel est celui d'entre eux qui a présente à l'esprit l'incomparable grandeur du *Crucifix?* Quel est celui d'entre eux qui se rappelle l'étrange néoplatonisme de la *Mort de Socrate?* La génération actuelle aime Musset, qui est bien le poète de nos nerfs et de nos fièvres, le poète que nous méritons. Elle admire Hugo, qui est toujours vivant et debout. Mais Lamartine ! Quelques femmes seulement se sentent les yeux humides en écoutant le *Lac* — à cause des *bémols* de Niedermeyer !

Au collège, nous étions tous éperdument épris de Hugo et de Lamartine. Nous mettions le meilleur de notre âme — à l'étude du soir — la narration latine finie — à perpétrer des alexandrins que nous dédiions à ces deux géants. Ces alexandrins naïfs, où l'épithète, la facile épithète, jouait le plus grand rôle, prenaient le chemin de Guernesey ou de la rue de la Ville-l'Évêque. Hugo, éternellement jeune, faisait bon accueil, là-bas, sur la terre d'exil, à nos juvéniles enthousiasmes. Il répondait. Ces niaiseries d'adolescent étaient, en somme, pour lui, comme un écho de la patrie absente et follement aimée. Lamartine, sombre, replié sur lui-même, arrivé presque en bas du fatal versant, ne répondait guère. Peut-être, en recevant ces dithyrambes, à la confection desquels le « Dictionnaire des rimes » n'était point étranger, avait-il — le douloureux désabusé — un de ces pâles sourires qui ressemblent à un soleil d'hiver.

J'ai eu, tout jeune homme, la désillusion d'apercevoir le grand poète. Il était fort vieux déjà, de taille svelte et nullement voûté. Il se promenait, place de la Concorde, appuyé sur le bras d'un ami plus jeune. Qui eût reconnu Lamartine? La tête étroite, busquée en avant, à nez trop effilé, était la tête de ces diplomates à cerveau vide, idéal de M. de Metternich, qu'a si plaisamment raillés Stendhal. La figure, jadis maigre, était alors parcheminée. Il n'y avait rien, absolument rien, dans cette face assez haute et assez élégante, mais d'une banalité froide. Les restes d'un homme qui aurait été un agréable valseur. Son compagnon lui parlait assidûment; lui, laissait échapper de rares monosyllabes. L'œil, qui parfois révèle tant de choses chez les vieillards, était fixe et sans flamme. Je me sentis « tout chose » en regardent marcher ce cadavre dont les os devaient rendre un bruit, et je crois bien, sur l'honneur, que j'eus comme un picotement dans les fosses nasales. Songez donc! je n'avais pas dix-huit ans encore. Cet homme-là était Lamartine ! L'amant d'Elvire ! Ah ! Graziella ! *Povera* Graziella ! Pauvre petite cigarière amoureuse, amoureuse folle, amoureuse jusqu'à en mourir ! Quel drôle de goût !

Je ne ferai pas, en ces lignes fugitives, la biographie du poète. A quarante-cinq ans, il était en plein rayonnement de gloire. Les *Méditations* et les *Harmonies* avaient jeté le nom de Lamartine aux quatre vents de la renommée. Les dames de tous les pays se pâmaient comme des petites folles quand on prononçait ce nom-là devant elles. C'est alors que Lamartine commença à se sentir galopé par la fièvre politiquante. Autrefois les poètes étaient des êtres à part, quasi surnaturels, presque des demi-dieux. Le jour où un aigle tenant une tortue dans ses serres aperçut le crâne dénudé d'Eschyle — la *bille* d'Eschyle, diraient aujourd'hui les naturalistes — et laissa tomber ladite tortue sur ce chef brillant et poli, qui ressemblait à un coin de rocher éclairé par le soleil, le vieux tragique, comme bien vous pensez, expira incontinent. N'empêche que, cent années plus tard, le peuple croyait encore qu'Eschyle vivait retiré sur les hautes montagnes. Ces *vates* semblaient immortels. Au dix-neuvième siècle, les immortels se mêlent très couramment à nos petites affaires terrestres. C'est le terrestre qui a tué Lamartine.

Quelques succès de salons diplomatiques, quelques vagues études d'histoire trop favorablement accueillies lui firent quitter les « sentiers ombreux » propres au poète. Ah ! que de fois n'a-t-il pas regretté, j'en jurerais, même aux heures de sa popularité éclatante, le temps où il se contentait de n'être qu'une admirable harpe éolienne ! C'était le temps où Hugo, son frère d'armes, lui annonçait, en vers merveilleux, qu'il allait tenir encore « la lance et les coursiers ».

> Puis, pour faire une part à la faiblesse humaine,
> Je ne sais quelle pente au combat me ramène,
> J'ai besoin de revoir ce que j'ai combattu,
> De jeter sur le vice un dernier anathème,
>     De te dire à toi que je t'aime,
> Et de chanter encore un hymne à la vertu !

Ah ! les chers poètes, qui devraient toujours demeurer entre eux, vivre dans l'azur, s'enivrer de fleurs, de rimes sonores et de belles rêveries ! Le jour où ils quittent les nuages, ils savent le chemin que leur a indiqué Platon !

Lorsque 48 arriva, Lamartine se jeta en pleine mêlée. Je ne dirai pas son rôle. Chacun l'a en mémoire. Il vécut, poète dévoyé, un des chapitres de son *Histoire des Girondins*. Il fit de la politique ardente, chevaleresque, à phrases empanachées. Le peuple rugissait-il, bien vite on avait recours au poète. « Chante, Lamartine ! » Et Lamartine chantait. A cette musique inattendue, la tempête populaire s'évanouissait en fumée. On se rappelle la célèbre « période » sur le drapeau tricolore et le drapeau rouge. J'imagine qu'il n'en est pas de plus nombreuse. L'infortuné croyait en toute bonne foi qu'on gouverne un peuple avec d'harmonieux chocs de mots. Il tenait ou, du moins, pensait tenir dans sa main les destinées d'une nation, et se glorifiait d'avoir enfin réalisé la prophétie que lui avait faite un jour lady Stanhope.

Le réveil fut dur. Lamartine qui, après tout, avait attaché son nom au plus grand acte de la Révolution, « l'abolition de la peine de mort en matière politique », se trouva un beau matin le Gros-Jean de l'avant-veille. La faveur de la foule l'avait abandonné. De l'idole on ne voyait plus que les pieds d'argile. Les articles de journaux, les pamphlets, les caricatures se prirent à pleuvoir sur lui dru comme grêle. Il rentra, triste, dans la vie privée. Bientôt, il n'y put tenir. Avide quand même des tapages ambiants, il fonda le *Conseiller du Peuple*, le *Civilisateur*. On le lut peu. Il était cassé, brisé, fini, comme s'il fut tombé d'une cime dans un précipice. On ne se relève pas de ces chutes icariennes.

Je glisserai rapidement sur les quinze dernières années du poète. La misère était venue s'asseoir à son foyer. Une misère de grand seigneur, a-t-on dit. Qu'importe? Cette misère-là n'est-elle pas parfois la plus rude? L'homme avait toujours été prodigue. Lors de je ne sais quelle tentative d'élection, l'implacable *Némésis* lui avait reproché son âpreté au gain :

> Poète-financier, tu descends de la nue
> Pour traiter avec Gosselin !

Lui, le pauvre poète, traiter avec Gosselin ! Il en était réduit, au seuil de la vieillesse, à tendre le casque tant moqué de Bélisaire. A cette heure affreuse, il eut comme un tressaut de courage. Il se mit devant sa table de travail et entreprit un *Cours familier de littérature*. Je n'en parlerai pas. Par surcroît, des amis imprudents tentèrent une loterie, afin de dégrever la terre de Saint-Point. La loterie échoua — sous le ridicule. C'en était fait. Lamartine avait décidément vécu.

Ce furent, non plus des épigrammes, mais d'odieuses insultes, qui frappèrent le poète tombé. Le journal *le Figaro*, alors hebdomadaire ou bi-hebdomadaire, s'acharna sur ce moribond et commit une action abominable. Auguste Villemot protesta. Je dois rendre cet hommage à M. Jouvin qu'il ne voulut jamais se mêler à ces sauvages attaques. D'autres écrivains, devenus aujourd'hui républicains tout d'une pièce, et en ce temps-là fort bien en cour impériale, se ruèrent sur le mélodieux fourvoyé de 1848. Lamartine, écrivant à la hâte, racontait son enfance, sa jeunesse, ses passions. Un jour il parla de sa mère. « Les étudiants, lui cria-t-on, lavent leurs bouquins pour battre monnaie. Lavez vos vieilles amours, si bon vous semble. Lavez Elvire, lavez Graziella! Mais, que diable! les mères doivent être exceptées de la lessive! » Ah! le malheureux! Quelles mortelles souffrances il dut endurer! Cet œil sec, qui m'étonna si fort, n'avait-il pas connu « les longs pleurs de nuit » que pleura la triste héroïne de la ballade allemande?

Ce que c'est que de nous! Trois lignes de journal! Une annonce de vente! Il suffit. Tout un passé réapparaît. Cette maison, où s'est éteint Lamartine, est aujourd'hui une maison comme toutes les autres, « un immeuble avec ses dépendances ». On n'ignore pas qu'il avait dû, refoulant tout orgueil, l'accepter de l'homme de décembre, autrefois si ardemment combattu. C'est là que le poète a terminé, ne voulant pas et ne pouvant pas être consolé, une vie pleine de grandeurs et de chutes. Nous qui, quelquefois, nous targuons, d'un petit ton sceptique, de juger froidement les hommes et de peser les Annibals à la juste balance, nous demeurons stupides, comme disait Corneille, en face de ces horribles dénouements. Lamartine, mourant dans la désespérance finale, n'était-il pas en droit de murmurer cet épouvantable vers de ses *Méditations* :

Qu'avons-nous fait au ciel pour mériter de naître?

## LES FEMMES DE LETTRES

Depuis combien de temps ce livre était-il là, sur ma table de travail ? Je n'en sais trop rien. J'ai eu hier, en une heure de désœuvrance, la curiosité de l'ouvrir. Je ne rendrai pas compte de cette œuvre absolument folle. Je n'en citerai même pas le titre, très désireux que je suis de ne pas faire une réclame au roman le plus malsain que j'aie jamais lu. Il me suffira de dire qu'un vieux cuirassier rougirait jusqu'aux oreilles avant de parvenir à la vingtième page. C'est l'ignoble pur, bête, sans rime ni raison. J'ajouterai que l'auteur de cette répugnante et prétentieuse polissonnerie est une femme.

Pourquoi diable m'avait-on adressé cet abominable in-8° ? J'eus bientôt l'explication de cet envoi mystérieux. J'avais négligé, d'abord, la préface — dont je fais en grande partie les frais. En la parcourant, j'ai pu me convaincre que l'aimable dame, qui a écrit ladite préface, nourrit contre votre serviteur une de ces haines vigoureuses dont parle le grand comique. Non, ce que ce bas-bleu me prodigue d'injures est inénarrable. En fin de compte, la dame me conseille, dans l'intérêt bien entendu de ma santé, de me purger souvent. *Purgando! Purgando!* Le fâcheux est que mon ennemie, toute à sa fureur, a négligé de m'indiquer au moyen de quel purgatif je pourrais me débarrasser d'une bile qu'elle suppose si intense.

Je ne ferai point mystère que j'ai été quelque peu inquiet. « Crois-tu, ai-je demandé à Thévenet, rencontré deux heures après cette bonne et sainte lecture, que j'aie besoin de me purger?» Thévenet, consciencieux toujours, m'a fait tirer la langue, a interrogé mon pouls et minutieusement inspecté le lobe de mon œil. « Pas le moins du monde, m'a-t-il dit. Tu te portes comme le Pont-Neuf. D'où te vient cette idée de purgation?» — « C'est un conseil que me donne M$^{me}$ de X... », ai-je balbutié. — « M$^{me}$ de X... est une dinde », a vertement répliqué Thévenet, qui ne connaît pas la vaine afféterie des cours. J'ai quitté le docteur l'âme rassérénée.

Ainsi, il demeure entendu que nous n'avons pas le droit de manifester la répugnance que nous inspire une certaine littérature. Si nous avons la franchise d'exprimer nettement notre façon de penser, nous sommes immédiatement canardés par des préfaces à double détente. Puis, le grand mot : vous insultez une femme! Dieu sait pourtant si j'ai jamais eu l'intention d'insulter le sexe auquel nous devons M$^{me}$ Manoël de

Grandfort, M^me de Montifaud, M^lle Rosélia Rousseil et autres dames de même acabit! Mais quoi! N'a-t-on donc plus la liberté de dire, de temps à autre, ce que Sainte-Beuve disait de certains passages de Rétif : « Ceci n'est point propre. »

C'est une question plus grosse qu'on ne croit que cette question des femmes de lettres. Elle vaudrait d'être traitée de haut et autrement qu'au courant de la plume. Il est clair que la société est, en ce qui touche la condition des femmes, organisée d'une pitoyable manière. Je ne vois guère de place, dans cette société où domine l'égoïsme de l'homme, pour une jeune fille honnête qui ne veut devoir sa subsistance qu'à son labeur. L'homme obstrue toutes les voies. Entrez dans un magasin de nouveautés pour acheter une paire de gants. C'est un gaillard barbu comme Dieu le Père qui vous la vendra.

Nous ne devons donc pas nous étonner outre mesure de voir nombre de jeunes personnes jeter hardiment leur bonnet par-dessus les moulins et préférer la vie de plaisir à la vie de travail. Rien n'est plus naturel, à mon sens. C'est nous, les hommes qui faisons les prostituées. Nous mettons éternellement la femme dans cette affreuse alternative : ou mourir de misère ou devenir une catin. Puis, quand le mal est accompli et accompli de notre fait, nous empruntons la pratique de Desgenais, nous grossissons la voix et nous expectorons des tirades morales qui ont traîné partout.

La femme cherche une issue. Nous la voulons condamner à des travaux d'aiguille et nous ne la rémunérons point. Elle se lance alors dans d'autres carrières. Elle se fait institutrice, professeur de piano, gouvernante, que sais-je! Ce sont là les professions *fiévreuses*, comme a dit un humoriste de ce temps. D'aucunes décrochent des titres universitaires, se font médecins, avocats. Les irrégulières achètent du papier, une bouteille d'encre, une boîte de plumes, et épanchent leur âme dans l'âme de leurs contemporains. Je viens de prouver que, vu la place de la femme dans la société moderne, les bas-bleus ont une réponse victorieuse à opposer à nos railleries. Néanmoins, je ne puis me défendre d'une méfiance invincible. Tout me porte à supposer que la dame qui m'écrirait une lettre byronienne, sillonnée de citations latines, ne descendrait pas longtemps avec moi la pente de la vie, la main dans la main.

Les femmes de lettres ont donc leur excuse. N'en parlons plus. Demandons-leur seulement de ne pas nous assourdir de leurs autobiographies. Si je ne me trompe, c'est M^me Louise Collet (née Revoil) qui a mis à la mode cette singulière poétique. Vous vous rappelez le livre bizarre que cette dame publia, lorsqu'elle fut fâchée avec Musset. Autant qu'il m'en souvient, il y avait dans ce roman, d'ailleurs écrit en langue zoûlou, une scène épique : M^me Collet se précipitant hors d'un fiacre au risque de se tuer, pour échapper aux tentatives folichonnes du poète! Des hommes d'un certain âge, qui ont eu l'enviable privilège d'approcher M^me Collet, m'ont affirmé, sous la foi du serment, qu'ils ne se représentaient pas bien la descendante des Revoil, préférant la mort au déshonneur. Que ces dames, qui toutes jouent à la Vellini et ont à se plaindre d'un Ryno, veuillent donc bien garder pour elles les épisodes troublés de leur alcôve!

Demandons surtout aux bas-bleus de ne pas livrer au public d'horribles romans dans le genre de celui où, en façon de préalable, on me traite comme un rien de rien. Réellement, cela est au-dessous même du mépris. J'irai plus loin : il est profondément triste de voir certaines femmes, qui ne manquent point de valeur, chercher le succès dans cette littérature hystérique. J'ai prononcé tout à l'heure le nom de M^me de Montifaud. Cette M^me de Montifaud, pour laquelle la septième chambre correctionnelle est devenue une sorte de boudoir, est peut-être la plus honnête femme du monde. Je ne la connais point. Elle a, en tout cas, une réelle intelligence, un acquit indiscutable et, chose rare, un très curieux tempérament de styliste. Vous savez à quoi elle emploie tout cela! Que de facultés jetées à la borne!

Il est hors de doute que la femme n'a pas été

spécialement détachée de la côte du premier homme pour écrire *Raoul ou l'écolier de quinze ans*, *Jacques ou misère et courage*, et autres douces niaiseries de ce genre. *La Rosière de Salency*, de M^me Cottin, qui a transformé nos mères en bornes-fontaines, ne doit point être évidemment le dernier terme de la littérature féminine. J'en tombe aisément d'accord. Mais entre les aimables banalités des bas-bleus d'autrefois et les effroyables crudités des bas-bleus d'aujourd'hui, il y a place, ce me semble, pour des œuvres fortes, étudiées et vraies. Pourquoi, alors, suivre à plaisir les traces de Laclos, de Louvet, voire de la Popelinière ? Cela est odieux ! Les bas-bleus, qui, paraît-il, sont toutes maigres comme des clous, se plaisent à écrire gras. Ah ! mesdames, par charité, renoncez à l'érotisme et n'inondez plus la place de ces livres niais, malpropres, souvent immondes, que le lecteur commence dans sa chambre à coucher et achève parfois chez Ricord ou chez Jozan.

## LES MONSTRUOSITÉS LÉGALES

Il est incontestable que l'Europe entière nous envie notre Code civil et criminel. C'est là un refrain que nous entendons chanter depuis notre première enfance. Le piquant est que l'Europe se contente d'une envie purement platonique et ne se soucie pas du tout de s'approprier le fameux Code. La contrefaçon n'ayant pas été prévue en pareille occurrence, ce serait la chose la plus simple du monde. Non, les Allemands, les Anglais, les Italiens et tous les autres peuples de la chrétienté s'en tiennent simplement à leur code particulier. De quoi je leur fais mes compliments bien sincères. Le Code français, ce code que nous vantons tout comme M. Josse vantait son orfévrerie, offre des lacunes qui feraient sursauter de surprise un Lapon ou un Islandais. Soyons francs entre nous, et ne reculons pas devant les mots nets : le Code est fertile en inconcevables monstruosités !

L'autre jour, c'était l'affaire Magre qui préoccupait et passionnait même l'opinion publique. Il est difficile d'imaginer une ineptie plus flagrante que l'ineptie du bon législateur qui a régi la matière. M. Magre est mort. Il est mort dans les conditions ultra-mélodramatiques que chacun se rappelle. Le pauvre homme savait, à n'en pas douter, que sa femme ne lui avait apporté qu'une âme flétrie et un corps déjà éprouvé par l'amour. La blanche fiancée, alors qu'elle se parait des fleurs d'oranger symboliques, avait indiscutablement droit aux oranges. Ce fut pour le mari une rude désillusion. Il prit son parti de l'aventure en galant homme. Il souffrit, se tut et s'éloigna.

L'ardente M$^{me}$ Magre mit au monde un enfant qui, du propre aveu de la mère, n'était point des œuvres de M. Magre. Quel était le passant qui avait eu le bonheur d'obtenir les avant-dernières et même les dernières faveurs de cette ravissante femme? Peu importe. L'incontestable était que M. Magre se déclarait absolument étranger à l'événement. Mais, ennemi du scandale et ayant le ridicule en horreur, l'infortuné mari n'avait point intenté d'action en désaveu. De plus, l'enfant était venu dans les délais prévus par la loi. Il n'en a pas fallu davantage pour que les juges, à cheval sur les textes, sortissent le gothique *is pater est...*

Tout cela est une merveille de logique dans l'absurde. On se représente très bien, en notre joyeux pays de France, un tribunal cravaté de blanc tenant à des demandeurs le curieux langage que voici : « Vous réclamez la fortune de M. Magre. Nul doute que, si feu M. Magre n'avait point laissé d'enfant, cette fortune vous reviendrait entière. Malheureusement pour vous, il y a un petit Magre. Nous avons sous les yeux des pièces nombreuses, et notamment une lettre de la défenderesse, M<sup>me</sup> Magre, qui prouvent clair comme de l'eau de roche que ce mioche est le fruit de l'adultère. Que voulez-vous? C'est fâcheux. L'héritier est né à une date que le Code pénal accepte. Feu Magre n'a pas intenté la plus légère action en désaveu. Il faut vous résigner. *Légalement*, M. Magre est le père de l'enfant de sa femme. Nous ne nous dissimulons pas que nous faisons une énorme bêtise. Cette bêtise, nous sommes forcés de la faire. Vous ne trouverez pas, soyez-en sûrs, une cour d'appel assez audacieuse pour infirmer notre jugement. Vous êtes dépossédés contrairement au plus vulgaire sens commun, mais conformément au Code que l'Europe nous envie. Ce doit vous être une consolation. Huissier, appelez une autre affaire. »

Sur ma parole, je ne crois pas forcer la note.

Aujourd'hui, il s'agit d'une *espèce* bien bizarre. Le procès est d'hier. Berdier s'est marié à une femme qu'il a battue comme plâtre, et qu'il a délaissée pour aller faire la fête hors du domicile conjugal, qu'il a littéralement affolée de douleur et de misère. La malheureuse n'a pu supporter cet effroyable isolement. Elle a fui la demeure maudite, a cherché un asile chez un *ami* de son mari. « Les amis sont toujours là! » dit la romance. Elle est devenue la maîtresse de cet ami. Et quelle maîtresse, juste ciel! Une dolente créature qui tousse, râle, et, devant les juges, semble à chaque minute près de rendre son dernier souffle avec son dernier crachat de sang.

Elle a ému tout le monde, cette Marguerite Gautier de police correctionnelle. Le substitut, qui ne doit pas être une nature précisément tendre, s'est senti pris par les entrailles. Il s'est levé, et, au lieu de requérir, ainsi qu'on s'y attendait, a prié, a supplié même le mari de reprendre sa femme. Le mari, une barre de fer, a répondu par un grognement. En justice, un grognement n'est généralement pas considéré comme une adhésion. Le ministère public a insisté avec des notes chaudes et vibrantes. Le mari a refusé net. Il ne veut pas, ce drôle qui a criblé le contrat de coups de canif excusés par le Code, admettre que sa femme en ait donné un, un seul, pas plus gros que ça. Il s'érige en implacable justicier, et, fort du flagrant délit qu'a dû constater le commissaire de police, a maintenu sa plainte. Cependant, l'*accusée*, dont la phtisie brûle la poitrine, peut parler à peine et tourne vers ses juges des yeux pleins de larmes et de muette supplication!

Certes, ils ont été embarrassés, ces trois hommes habitués à bien des comédies et à bien des mensonges. Ils sentaient que cette femme était une victime et que le mari était le bourreau. Ils touchaient la vérité vraie. En dépit d'eux-mêmes, ils ont dû se conformer aux strictes prescriptions du Code. Ils ont pris leur courage à deux mains, ont imposé silence à leur émotion, et, en vertu de je ne sais quel article, ont condamné cette pauvre femme à six jours de prison. Peine dérisoire ! D'autant plus dérisoire que le médecin pense que la condamnée mourra demain ou après-demain. Je cherche une expression *à côté* qui traduise ma pensée de façon exacte, et, n'en trouvant pas, je me résigne à écrire un gros mot : c'est une infamie. J'ajouterai qu'on ne pouvait pas ne pas la commettre, puisque le tribunal n'avait pas le droit de passer outre à la plainte du mari.

Que le Code protège largement les maris contre les fantaisies parfois un peu vives des dames, je le comprends. L'année dernière, un cas d'adultère s'est présenté devant le même tribunal. La femme toussait aussi que c'en était une pitié. Celle-là était peu intéressante, au fond. Le mari, un doux naïf, avait pardonné six fois à sa trop incandescente compagne. La dernière scène avait été chaude. La femme s'était jetée aux genoux de l'époux outragé, pâmée dans l'ampleur de ses jupes (à ces moments-là, les dames conservent quand même une sorte d'élégance et n'oublient jamais de *faire fromage*), pleurant, implorant, à demi-folle. Lui, bête comme une oie, avait « coupé » dans ce repentir. Il avait imposé à l'indigne des mains miséricordieuses. Là-dessus, la drôlesse avait sauté de joie, s'était rajustée en un tour de main, avait à la hâte fait descendre jusqu'aux sourcils ses cheveux frisottés, et, toute brave, était allée prendre un septième amant.

Les juges n'avaient pas éprouvé l'ombre d'une commisération pour cette petite bourgeoise pervertie, une Bovary de la rue du Vert-Bois, et, malgré une toux point jouée, l'avaient fort correctement condamnée à deux mois de prison. Elle mourut huit jours après, la charmante et romanesque créature. Ne nous attendrissons pas. Ç'a été une nymphomane de moins !

Mais hier, ces mêmes juges ont dû avoir avec leur conscience, s'il reste en ces sceptiques quelque chose d'humain, un cruel colloque. Ils avaient sous les yeux un drame véritable. C'était ce répugnant mari qu'il fallait remettre entre les mains des impassibles gendarmes, et non cette agonisante si réellement digne de pitié. Je suis sûr que le président aurait bien voulu rencontrer dans ce gros bouquin jaune, où s'étalent des sottises que nous respecterons jusqu'à la consommation des siècles, une ligne qui lui permît d'acquitter la prévenue et de condamner le plaignant. Cette ligne ne se trouve pas dans le vieux bouquin jaune...

Il faut avouer que les Pangloss, qui affirment

gaiement que tout est pour le mieux ici-bas, sont des égoïstes d'une nature bien particulière. Prenez au hasard un juge, instruit, honnête et blanchi sous le harnois. Demandez-lui ce qu'il pense et de cette affaire Magre et de cette affaire Berdier. Il vous répondra, n'en ayez doute, que le bon sens public a hautement raison, mais que lui, magistrat, interprète juré du Code, n'eût pas pu prononcer d'autres décisions que les décisions qui ont été prononcées. Nom d'un petit bonhomme, c'est trop stupide! Et on n'a pas le droit de se moquer à ce point des justiciables! Puisque vous vous sentez enfermés dans les limites du Code comme en une étroite prison, déposez votre robe noire et faites place à un jury qui n'aura souci que de l'équité. Laissez-nous donc en paix avec vos tartines sur « le respect dû aux textes » ! Si le « respect dû aux textes » engendre d'aussi formidables monstruosités, je demande, moi petit bourgeois qui m'inquiète peu des interprétations de Bugnet sur Pothier, qu'on procède à un remaniement général. Votre Code contient des âneries qui choqueraient l'entendement d'un bébé de huit jours! Eh bien, que les gens du Parlement déchirent ce code, en fassent des cornets de papiers et envoient lesdits cornets chez les nombreux épiciers de la capitale!

## LES MAUVAIS PRÊTRES

C'est du Midi aujourd'hui que nous vient la chronique parisienne. Un certain abbé Junqua, une nature ardente, je vous en réponds, a comparu devant la cour d'assises du Lot-et-Garonne. Je me hâte d'ajouter que le procès s'est terminé par un acquittement : acquittement assez inattendu, à vrai dire, et que les indigènes du cru, race mobile, ont couvert d'applaudissements. Ce n'est qu'au cours des débats que le ministère public a appris que le véritable nom du prévenu était Junqua. Jusque-là, le gaillard avait soigneusement dissimulé sa personnalité sous le pseudonyme de Bonnin. « Je me suis fait appeler Bonnin, a-t-il dit avec une noble émotion, pour éviter le scandale. » Or, il se trouve précisément un abbé Bonnin qui a reçu le contre-coup des espiègleries de Junqua et qui crie comme un brûlé.

Cet abbé Junqua n'est pas un de ces jeunes prêtres qui luttent en désespérés, leur couchette inondée de camphre, contre les horribles tentations de la chair. On comprend sans peine les révoltes de ces hommes de vingt-cinq ans auxquels l'Église catholique, apostolique et romaine impose son implacable loi. Celui qui écrit ces lignes a entendu un jour le P. Hyacinthe célébrer avec une incomparable éloquence « cette admirable monstruosité qui s'appelle la virginité du prêtre catholique ». C'étaient des paroles de feu qui sortaient de ce froc de moine ! Nous savons que M. Loyson est revenu de ses juvéniles enthousiasmes. Il prêche aujourd'hui, gras bourgeois, une petite religion de poche, facile à suivre, même en voyage.

L'abbé Junqua n'est pas un jeune homme. Il n'a pas l'excuse des chaleurs de sang qui doivent monter au cerveau des néophytes et que Lewis a peintes d'une inoubliable touche dans son *Moine*. Non. C'est un prêtre de cinquante-deux ans, marié, fait comme vous et moi d'une redingote, d'un chapeau et d'une paire de gants, agent d'assurances attaché à une compagnie quelconque. Il a depuis longtemps jeté ses burettes par-dessus les autels. Il est tout simplement poursuivi pour faux. Ne pas le prendre, soit dit entre parenthèses, pour le fameux abbé Junqua, l'ami de l'ex-abbé Moult, qui est à cheval sur ses droits, ne veut pas qu'on confonde sa maison avec la maison d'en face, et dont le bénitier n'est pas au coin du quai.

Le Junqua d'hier, notre Junqua, s'appelle Pierre, et, sur cette pierre, il a bâti un petit édifice que je ne saurais recommander trop aux amateurs de curiosités. C'est une odyssée que la vie de ce prêtre. Il se marie, lâche sa femme, court le monde, réintègre le domicile conjugal, se sauve derechef — que sais-je, moi! Tour à tour curé, professeur, comptable dans une maison de commerce, agent de la compagnie *l'Abeille*, cet homme est un Cazanova défroqué. Le président constate que, partout où il est allé, il a laissé, sous forme d'un enfant du sexe masculin ou féminin, trace de son passage. A Montélimart, notamment, où les femmes sont plus tendres que les nougats, il a porté le ravage dans tous les cœurs. *Mille et tre!* Mes compliments, monsieur l'abbé!

Il y a, dans ce procès, des détails qui sont tout bêtement délicieux. Un vicaire dépose que, lorsque le prévenu était professeur à Sainte-Foy, il *jouissait* de la plus déplorable réputation. « En fin de compte, dit-il, on a été obligé de l'expulser. » — « Que lui reprochait-on? » interroge le président. Le vicaire baisse les yeux, rougit, esquisse un signe de croix sur son diaphragme, et d'une voix douce et blanche : « Il invitait les élèves à venir dans sa chambre, leur donnait des cigares et buvait du punch avec eux. » Mon Dieu, je ne fais pas à l'abbé Junqua un gros crime de cet amour immodéré du punch. Néanmoins, je dois reconnaître que, dans les écoles laïques, nos professeurs n'avaient point coutume de nous convier à des petites fêtes de ce genre.

Une autre fois, il avait entrepris la conquête d'une lingère, Marie X... Marie, qui ne voulait se rendre que sur de bonnes raisons, fuyait vers les saules, comme la Galathée du poète. Junqua lui promit le mariage. Elle lui fit observer, ignorant le droit nouveau qu'ont inauguré les mécréants de 89, qu'un prêtre ne pouvait se marier. Le perfide Junqua haussa les épaules, eut un sourire d'homme supérieur et cita l'exemple de M. de Talleyrand. Il démontra à cette aimable vierge, apportant à sa démonstration un peu plus de zèle que n'eût voulu M. de Talleyrand lui-même, qu'un prêtre ne cessait jamais d'être un citoyen. La jeune fille, vaincue par cet argument historique, tomba dans les bras de son séducteur. Il avait suffi à Junqua, pour triompher d'une ferme résistance, d'évoquer la grande ombre de l'évêque d'Autun. A quoi tient pourtant la vertu des femmes!

Aussi bien ce sont là, dans ce procès, des points à côté. Il y a très sérieusement, en cette grosse aventure de prêtre révolté, quelque chose qu'il convient de relever et de flétrir. Ce quelque chose n'est autre que la très fâcheuse indulgence du clergé supérieur. Cette indulgence, n'en doutez pas, encourage et fait les mauvais prêtres. Junqua se trouvait curé à Saint-Pardoux. A Saint-Pardoux vivait une jeune fille, nommée Catherine Lartigue, qui était très désireuse de ne pas coiffer la sainte dont elle portait le nom, et qui, de fait, est devenue depuis M^me Junqua. Junqua compromit gravement, dans ses relations avec la famille Lartigue, la dignité de sa robe. Croyez-vous qu'on le cassa aux gages et qu'on le chassa du clergé ? Point du tout. On se contenta de lui infliger un changement de résidence.

Dans sa nouvelle résidence, à Sainte-Foy, il se conduisit comme vous savez, et, un beau jour, s'enfuit à Agen. Ces scandaleuses façons d'être ne découragèrent pas le haut clergé. Junqua prétendit qu'il avait été touché par le repentir. La vision qui frappa saint Paul, un soir qu'il prenait le frais sur le chemin de Damas, ville rivale de Birmingham et de Châtellerault, avait également frappé, paraît-il, le bon abbé Junqua. L'évêque l'autorisa à aller passer un certain temps, sous le nom de l'abbé Carré, à la Trappe de la Meilleraie. Après une période expiatoire dont j'ignore la durée, l'évêque de Valence l'appela au collège de Montélimart, où il lui permit de professer sous le pseudonyme de « Joigny ». C'est à Montélimart que se passa l'épisode de la lingère et d'autres épisodes encore dont je vous fais grâce.

Ma foi, le clergé ne vole pas les vérités dures qu'il s'attire souvent. Comment ! voilà un olibrius que nous, laïques souvent traités de haut en bas, ne voudrions pas pour un empire recevoir dans nos familles. Partout où il a mis le pied, il a été un objet de scandale et de mépris. Les agissements de cet individu ne sont point de ceux qu'on conteste. Vous avez reconnu vous-mêmes, *clerici superiores*, à maintes reprises, que c'était un prêtre indigne. Et, quoi qu'il en soit, vous lui laissez jusqu'à la dernière heure le droit de confesser nos jeunes sœurs ou d'instruire nos jeunes frères. En vérité, voilà qui passe l'imagination ! Vous avez cru à une sincère repentance et n'avez point voulu accabler le pécheur, j'y consens. Vous imaginez-vous que le monde, descendant au fond de vos consciences, se contentera d'arguments pareils et admettra vos stupéfiantes mansuétudes ?

Le curé du Vésinet, autour duquel on a mené si grand tapage ces jours-ci, et qui sous peu passera devant ses juges, eût dû être, de longue date, expulsé de la grande famille catholique. Pincé comme un rat dans une porte, il a avoué le fait principal. Les autres faits seront dévoilés en justice. Ce scélérat n'en était pas à son coup d'essai. Déjà, à Bougival, alors qu'il n'était que vicaire, il avait été le héros d'un petit vaudeville érotique. Aucun de ses supérieurs ne l'ignorait. Au lieu de le chasser comme Jésus chassait les marchands du Temple, on le déplaça et on l'installa au Vésinet, où il a mené en plein soleil, avec une impudence qu'encourageait la niaiserie des bourgeois de cette localité, la jolie conduite dont M. le procureur de la République a dû finalement lui demander compte.

A Bougival, l'immoralité de ce gredin était notoire. Si l'évêque de Versailles avait mandé cet abbé Maret et l'avait jeté hors de l'Église, rien de ce qui était arrivé depuis ne serait arrivé. Ce *monsignore* de table d'hôte serait devenu un laïque — un laïque destiné au bagne, bien entendu — mais enfin un laïque perdu dans la foule. Cela était simple, n'est-ce pas ? Ah ! bien, oui ! L'évêque de Versailles savait que des paysans avaient tenté plusieurs fois d'assommer ce drôle. L'évêque de Versailles savait que ces violences étaient justifiées par le *modus vivendi* de cet ignoble prêtre. Chose monstrueuse! l'évêque protégea ce chenapan jusqu'à la dernière minute !

Les prêtres, les avocats et les femmes — tous gens de robe — se tiennent par les liens d'une étroite franc-maçonnerie. Je ne voudrais pas qu'on m'accusât de « manger du prêtre ». C'est, là une littérature facile dont je n'userai jamais où que j'écrive. J'ai connu, je connais et j'aime des prêtres qui sont bons, charitables, dignes de tous les respects. Je vous jure qu'ils s'inquiètent peu de politique, ces prêtres-là. Les choses de ce monde sont de minces choses à leurs yeux. Ils vont droit leur route, ont la foi naïve et sans fanatisme, font quotidiennement visite aux malades et aux pauvres, et, la Saint-Sylvestre venue, n'ont pas de quoi acheter une soutane. Ceux-là, n'en ayez doute, le peuple sait les reconnaître et les révérer. Au mois de février 1794, les *avancés* du faubourg Saint-Antoine protégèrent l'ex-curé de la paroisse, un saint.

Je veux seulement, après la lecture du procès de l'abbé Junqua, protester contre la ridicule et coupable indulgence du clergé supérieur. Encore un coup, c'est cette indulgence-là qui fait les mauvais prêtres, c'est-à-dire les plus odieux êtres qu'il y ait sous le ciel. La liberté de conscience, que confessa un jour le prussien Anacharsis Clootz, pourtant *ennemi personnel de Dieu*, est une liberté indiscutable — comme toutes les libertés. Que le prêtre, n'ayant garde de se mêler à nos luttes, proclame sa foi et s'entoure de croyants, rien de mieux ! Mais que le bas clergé donne chaque jour le honteux spectacle de scandales tolérés par le clergé supérieur, c'est ce qu'aucun homme de bon sens ne saurait admettre.

## A MONSEIGNEUR L'ÉVÊQUE DE VERSAILLES

Monseigneur,

Vous ne serez pas surpris que je prenne la liberté de répondre à la lettre que vous m'avez fait l'honneur de m'adresser et qu'a publiée l'*Evénement*. Elle est conçue, permettez-moi de le dire, en termes parfois si obscurs, que, si j'avais l'irrévérence de mettre un instant en doute l'affirmation de Votre Grandeur, je serais tenté de croire que, l'autre jour, j'ai touché juste au défaut de la cuirasse. Je n'insiste pas. Je me contenterai d'ajouter qu'il était bien inutile d'exiger l'insertion de votre lettre au nom de la loi. Il vous suffisait, Monseigneur, de faire appel à ma courtoisie.

Je laisse également de côté le je ne sais quoi d'aigre-doux qui perce sous la forme onctueuse de cette missive épiscopale. Je n'ignore pas que la colère, *malesuada*, comme « la faim » du grand poète, égare maintes fois les âmes qui devraient être inaccessibles aux passions humaines. J'ai osé porter une main téméraire sur l'arche sainte et ai mérité mon sort. Je prends donc gaiement mon parti des mots secs, voire hautains, échappés à votre auguste plume, ainsi que des insinuations que j'ai cru démêler entre les lignes.

Et d'abord, vous me reprochez d'avoir écrit qu'aucun des supérieurs de l'abbé Maret n'ignorait *ses torts*. Mon Dieu, il ne m'en faut pas vouloir. Tout autre, à ma place, s'y fût laissé prendre comme moi. Je vais souvent au Vésinet, où je compte des parents et des amis. Les hasards m'ont plus d'une fois mis en face de ce prêtre au masque mauvais, au verbe haut, à l'œil plein d'une singulière impudence. Il avait le plus fâcheux renom du monde. Il n'était bruit que de ses galantes allures. Je croyais, moi, que le clergé supérieur, fidèle aux principes d'infinie mansuétude que les disciples du Nazaréen ont prêchés par la terre, ne voulait pas voir les égarements de cette brebis.

Vous m'accorderez, Monseigneur, que les supérieurs de l'abbé Maret ne se sont pas suffisamment inquiétés des extraordinaires façons de ce prêtre, lesquelles choquaient ce petit pays. Les hauts gardiens de la dignité ecclésiastique ont, tout au moins, manqué de clairvoyance et de surveillance. J'imaginais, en ma jugeotte un peu simplette, qu'un évêque ne devait pas une seule minute, dans l'intérêt bien entendu de la religion, perdre du regard les agissements de ses inférieurs. C'est surtout, me disais-je, en matière pareille qu'il convient d'avoir une police et une discipline inflexibles. Il paraît que, là encore, je me suis trompé.

Nul doute pourtant que, si le clergé supérieur s'était montré plus soucieux de son devoir, il eût aisément découvert les *torts* de l'abbé Maret, qui n'étaient un mystère pour personne. Je souligne intentionnellement le mot *torts*, qui est bien le plus charmant euphémisme qui se puisse rêver. En dépit que vous en ayez, monseigneur, vous ne pouvez vous défendre d'une commisération attendrie pour ce persécuté. *Torts !* Que voilà donc une heureuse trouvaille! Les *torts* de l'abbé Maret sont de ceux pour lesquels je voudrais que la justice trouvât des supplices renouvelés de l'Inquisition. Les *torts* de l'abbé Maret! Pour faire pendant aux *fredaines* du frère Léotade, sans doute!

Vous m'opposez, Monseigneur, que, « nouveau venu sur le siège de Versailles, nous n'avez eu que quelques mois pour entendre parler de l'abbé Maret, et vous affirmez de la manière la plus formelle, en mettant qui que ce soit au défi de prouver le contraire, que, jamais, *jusqu'aux derniers jours qui ont immédiatement précédé son arrestation*, aucun bruit fâcheux sur sa moralité n'était parvenu jusqu'à vous ». Je suis très persuadé que Votre Grandeur n'entend pas du tout, par cette phrase qui de prime abord n'a l'air de rien, se ménager une manière d'*alibi* et rejeter la responsabilité d'une négligence inexplicable sur l'ancien évêque de Versailles. Il en ressort un point qui pique étrangement ma curiosité et sur lequel je n'aurai pas l'audace, moi, pauvre hère, de solliciter une explication.

Ou les plus simples notions de la langue française m'échappent, ou je suis forcé de reconnaître que l'arrestation de l'abbé Maret n'a pas été pour vous une surprise. Une minute précède *immédiatement* un fait ; une heure précède *immédiatement* un fait ; à la rigueur, un jour précède *immédiatement* un fait. Mais, « les derniers jours » qui précèdent *immédiatement*... me rendent rêveur, malgré moi. N'auriez-vous pas eu le temps, Monseigneur, de prévenir le déplorable éclat qui a contristé tous les cœurs vraiment catholiques ?

Je ne suis qu'un chétif gazetier et ne m'ingère pas de donner des conseils aux grands de la terre. Néanmoins, je sais bien comment j'aurais agi en semblable occurrence. J'aurais, dès la première seconde, mandé le prêtre accusé d'indignité. Je n'aurais laissé à nul autre le soin d'ouvrir, séance tenante, une enquête rigoureuse. Et, si le plus léger mal m'avait été révélé, j'aurais fait moi-même prompte et bonne justice du coupable. C'est par cette salutaire sévérité à l'égard de ses propres membres que l'Église doit répondre à ses détracteurs. Bien au contraire, Monseigneur, on prétend, au pays, — une calomnie pure, j'en jurerais—que la mère de famille que vous savez, la veille même de l'arrestation du prêtre, n'a pu être reçue à votre palais épiscopal.

Au risque de pousser Votre Grandeur aux extrêmes limites de la surprise, je lui déclarerai tout net, dans les colonnes mêmes de ce journal très libre-penseur, que je ne suis pas du tout l'*acharné* qu'Elle suppose. Il ne me semblait même pas qu'il fût possible de se méprendre au sens de mon article. Je rappelais qu'Anacharsis Clootz, pourtant ennemi personnel de Dieu, avait hautement proclamé la liberté de croire. Je parlais de bons et braves prêtres que je connais et que j'aime, qui ne vont pas tous les trois mois à Rome, ne se font pas nommer *monsignore* pour jeter de la poudre aux yeux des naïfs bourgeois d'alentour, ne prennent jamais le menton des petites filles, et qui, humbles de cœur et de vie, passent obscurément en faisant le bien. Je m'élevais simplement contre les mauvais prêtres. Avais-je donc si grand tort ? Et notez, Monseigneur, que ce n'étaient pas là des précautions oratoires. J'étais d'une absolue sincérité. Je ne pense pas qu'il faille menacer du percement de la langue et des oreilles les matérialistes qui se tordent de rire en voyant passer les ministres du *nommé Dieu*; je ne pense pas davantage qu'il faille railler les fidèles qui ont conservé la foi de leur jeunesse et ont continué de lire dans le vieux livre où lisait leur mère.

« La justice est saisie ; elle prononcera sur le compte de l'accusé. Mais, quoi qu'il en soit de lui, *sachez qu*'il n'y a point parmi nous les distinctions odieuses du bas clergé qui donne des scandales et du clergé supérieur qui les tolère ; il n'y a qu'une famille dévouée aux pauvres *et aux petits...* » Ainsi vous continuez, Monseigneur. Je ne relèverai pas le *sachez que* qui indique, à n'en pas douter, que je suis un piètre personnage auquel il vous plaît d'infliger une leçon. Je passe aussi sous silence le dévouement « aux petits », me bornant à vous faire observer que c'est précisément, si je m'en fie aux racontars, ce dévouement excessif « aux petits » que le procureur de la République reproche au pasteur du Vésinet, lequel pasteur avait une façon peu évangélique de pratiquer le *sinite parvulos...*

Vous attestez que le clergé supérieur ne tolère pas les scandales que donne le bas clergé. Laissez-moi vous rappeler, Monseigneur, qu'il y a huit jours à peine un prêtre passa en cour d'assises. Ce passage de mon article eût dû vous frapper et vous rendre peut-être moins affirmatif. Ce prêtre, un joyeux fantaisiste, s'appelait l'abbé Junqua. Les débats furent publics. Il fut prouvé sans conteste que les supérieurs de l'abbé Junqua avaient usé envers lui d'une inexcusable faiblesse. Commettait-il une petite faute, on se contentait de le déplacer ; en commettait-il une plus grosse, on lui octroyait de l'avancement. Je ne vous cacherai pas, Monseigneur, que, en présence de procédés de cette nature, nous sommes là une bande d'ouailles excessivement étonnées. Nous en arrivons, possédés hélas ! par l'esprit du mal, à n'accepter les plus augustes paroles que sous bénéfice d'inventaire. En fin de compte, nous nous attirons des anathèmes dans le genre de celui sous lequel je courbe un front humilié.

Je poursuis cependant : « ... Il n'y a qu'une famille dévouée aux pauvres et aux petits dans laquelle les devoirs sont différents, mais où celui qui a la charge de père sait concilier, mieux que vous le dites, le pénible devoir de reprendre avec la juste préoccupation — que ne connaissent guère certains journalistes *(Aïe ! à moi, touché !)* —de ménager la réputation d'autrui et d'éviter le scandale. » Monseigneur, excusez ma rude et laïque franchise. J'ai soumis la phrase à des grammairiens très sérieux. Ils n'en ont pas compris un traître mot. Manquerai-je de convenance en confessant que j'ai involontairement songé au « galithomas » qui faisait sourire l'infâme Voltaire ? Je ne m'en félicite pas moins, Monseigneur, d'avoir reçu cette lettre. Peut-être

Gil-Blas eût-il supplié l'archevêque de Grenade de ne la point écrire. Moi, j'y trouve une heureuse occasion de vous exprimer les sentiments respectueux avec lesquels j'ai l'honneur d'être,

Monseigneur,

De Votre Grandeur,

Le très humble, très obéissant et très dévot fils.

## LE VERS LATIN

Je ne me dissimule pas que je commets une grosse sottise. J'ose espérer qu'on me la pardonnera, si je promets, comme les enfants, de ne plus recommencer. Écrire en tête d'un article : *Chronique parisienne*, et, juste au-dessous : *Le Vers latin*, c'est évidemment tenter une chose hasardeuse. La faute en est à M. Sarcey. M. Sarcey, dans le journal *le XIXe Siècle*, fait des articles qui ont le privilège de ne jamais laisser le lecteur indifférent. Il y a là un heureux mélange de bon sens et de gauloiserie qui, quoiqu'on en ait, intéresse vivement. C'est un beau et mérité compliment que je fais à l'ancien universitaire qui vient — *proh pudor !* — de courir la quintaine contre le vers latin. Oui, M. Sarcey, élève de la rue d'Ulm, professeur à Lesneven, bombardé du jour au lendemain un des journalistes les plus lus de Paris, a renié hier les dieux qu'il a adorés autrefois. C'est à ne pas croire, et, d'honneur, cela est. J'ai vu, de mes yeux vu, ce qui s'appelle vu, un article où

M. Sarcey, — suivant les errements de M. Jules Simon, — bat en brèche le vers latin, notre vieil ami, le mélodieux compagnon de notre seizième année. Il convient de défendre le pauvre camarade qu'on attaque d'une si injuste façon, dont on menace même l'existence. Il faut, alors même que l'espace nous est mesuré, combattre le bon combat et lutter pour le cher vers latin, personnage beaucoup plus intéressant que l'abbé Maret.

J'avoue qu'il m'est pénible, en cette question plus grave qu'elle ne semble, de rencontrer comme adversaire un homme aussi compétent que M. Sarcey. M. Sarcey est amoureux par excellence des choses de l'esprit, vulgarisant avec une lourdeur affectée des idées souvent subtiles, ne vivant que la plume à la main : l'homme de lettres, en un mot, non pas au sens banal où ce vocable a cours à l'heure actuelle, mais au sens où on l'entendait au siècle dernier.

M. Sarcey, dans l'article auquel je fais allusion, déplore, avec raison peut-être, la première année de l'École Normale. C'est, dit-il, une répétition de rhétorique. Les jeunes gens qui aspirent à devenir licenciés èslettres ne font cette année-là que *les Exhortations au combat, les Conseils d'un vieil ami à un adolescent qui veut embrasser la carrière des lettres*, etc., exercices connus, rebattus, usés, inutiles. Les élèves qui ont acquis une certaine légèreté de main bâclent leurs devoirs et retournent à lecture du *Rouge et le Noir* ou à la confection d'articles qu'ils destinent tout naturellement à la *Revue des Deux-Mondes*. Je suis disposé à tomber d'accord là-dessus avec M. Sarcey. Je crois, moi aussi, qu'un élève de philosophie qui n'a pas oublié ses deux années de rhétorique peut concourir avec espoir de succès pour le grade de licencié ès lettres, et que cette première année de l'École Normale est remplie d'études oiseuses. Refaire pour la dixième fois les excuses que se donne à lui-même Coriolan chez les Volsques, ce n'est pas, j'en conviens, une préparation suffisante au professorat. M. Sarcey, qui a souvent raison, me paraît avoir raison là surtout. Mais attaquer le vers latin ! Dieu bon ! Dieu juste ! tu ne le souffrirais pas !

Je comprends qu'un professeur de chimie fasse, entre deux *précipités*, la critique du vers latin. Peu lui chault, vraiment ! J'admets qu'un professeur d'histoire, désireux d'enseigner à de grands garçons de dix-sept ans le système financier et industriel de Colbert, traite de haut l'infortuné hexamètre, qui n'en peut mais. Mais M. Sarcey ! un enfant de la balle ! Je n'y peux réellement croire. M. Sarcey était le défenseur indiqué de la victime. Je dis *victime* intentionnellement. M. Jules Simon hier, M. Waddington aujourd'hui, le ministre de demain, tous ont cette haine, que rien ne justifie ni même n'explique. Le vers latin est condamné par un jury prévenu. Il périra. Je sais bon nombre de gens, et, chose étonnante! — de boulevardiers — qui le pleureront.

Il est tout clair que je formulerais une énormité en soutenant que, au point de vue pratique, le vers latin a une importance réelle. Il vaut mieux, cela va sans dire, connaître les lois de la pesanteur ou les stipulations du traité de Westphalie. Qui en doute ? C'est là un terrain sur lequel je ne m'aventurerai pas. Mais M. Sarcey, qui joue les *Prudhomme*, simplement pour ne pas heurter les sots, sait comme moi que affirmer solennellement une vérité aussi lumineuse est une manière trop commode de se tirer d'affaires. Il est trop évident qu'on peut être un homme fort distingué sans posséder à fond les règles, d'ailleurs faciles, de la prosodie latine. Il y a des personnages remarquables qui n'ont jamais ouvert un *Thesaurus*. Du temps de M. Sarcey, on disait *Gradus*. Peut-être est-ce là, après tout, l'explication de la querelle que je lui cherche.

Le vers latin n'a rien de pratique. Victor Hugo, qui a eu au concours un quatrième accessit de physique, n'a jamais su faire le vers latin. J'avoue qu'il a néanmoins confectionné agréablement le vers français. Ce n'est pas ainsi qu'il sied de prendre la défense du persécuté. Le vers latin est un exercice à la fois fatigant et salutaire, qui rend les plus réels services aux jeunes cerveaux. Si vous voulez rayer de nos études classiques le vers latin, rayez du même coup le discours latin, le discours français, phraséologie creuse, vaine, dont n'a cure ni un épicier ni un diplomate. Monsieur Sarcey, je ne vous le pardonnerai pas.

Nous avons mauvais goût en matière de vers latins, je l'accorde. S'il y avait aujourd'hui un concours entre les gens qui ont manié l'hexamètre, il est probable que le père Rapin aurait le premier prix. Claudien aurait le deuxième prix. L'espagnol Lucain, sonore, vide et plein de charme, cueillerait le premier accessit. Quant à Virgile, je ne parle pas du Virgile, peut-être apocryphe des *Bucoliques*, mais du Virgile de l'*Enéide*, il arriverait mauvais quatrième. Je laisse de côté le vieux Lucrèce. Les gens qui épluchent les compositions des rhétoriciens ne le jugeraient pas digne de la plus légère mention.

Je veux simplement dire que le vers latin, mis à l'*index* par des gens dont le bon sens me semble excessif, assouplit merveilleusement les esprits en voie de formation. Il y a là un mécanisme délicat, ingénieux et salutaire. M. Sarcey a perdu sans doute le souvenir des chères jouissances du passé. Au risque de me faire conspuer, j'avouerai que j'ai gardé pieusement ce souvenir-là. Il y avait, au temps dont je parle, temps déjà loin de moi, hélas! un grand livre, plein jusqu'au bord de compositions couronnées. C'est là, il faut bien le dire, que nous puisions toutes nos idées. J'ai conservé mémoire du sujet qui nous fut donné en rhétorique : *Le câble transatlantique*. M. Duruy, alors professeur au lycée Napoléon, surveillait la salle du concours. Un de mes camarades, Gaston Jollivet, venait d'être violemment expulsé pour avoir fumé (t'en souviens-tu, cher?) dans les cabinets d'aisance. Mon plus sérieux concurrent parti, je me mis ardemment à l'œuvre. Tous, tous sans exception, y compris un sous-secrétaire d'État que je ne veux pas livrer au mépris de ses contemporains, mirent ce vers qu'ils avaient lu dans le gros volume sus-indiqué :

*...verba volant, subito quasi fulminis ictu.*

Je me hâte de dire qu'il s'agissait, dans la pièce de vers mise au pillage, du télégraphe électrique. Moi, fin comme un cheveu de M$^{lle}$ Croizette, je remplaçai le *volant* par *natant* :

*Per mare verba natant, subito quasi fulminis ictu.*

*Natant*. Le câble transatlantique ! Vous comprenez la malice. Je ne me rappelle pas sans quelque orgueil qu'un succès légitime vint récompenser cette inspiration, puisée sans doute dans la demi-bouteille de vin que nous octroyait, avant le départ pour la Sorbonne, la générosité toujours prête de M. le Censeur.

C'étaient, il faut l'avouer, des joies enfantines et charmantes que ces découvertes d'un verbe ou d'une épithète. Il y a un *amicos* qui m'a jadis causé une vive jouissance. Le père Berger, mort professeur d'éloquence latine à la Sorbonne, me fit de vifs compliments à cause de cet *amicos*. M. Berger nous avait dit de vitupérer l'ivresse. Nous vitupérions l'ivresse. Que M^me de Montifaud, qui a dû traduire *Apulée*, veuille bien suivre l'association de mes idées ! Je me supposais complètement terrassé par le vin. Puis, après une éclaircie, je priais Dieu de ne plus me laisser retomber dans mon péché horrible, de peur que... de peur que...

*Ne vestigia passim*
*Errabunda ferens, muros amplectar...*

Il fallait trouver un qualificatif à ces murs. Là était l'écueil. *Amicos* ! ces murs amis ! ces murs dont on cherche, titubant, le soutien tutélaire. Était-ce assez joli ?

M. Sarcey, de qui, enfant de quinze ans, j'ai vu le nom dans le gros volume en question, est tout simplement un ingrat. N'est-ce pas lui, l'oublieux, qui, dans une pièce de vers jugée digne du second prix, a écrit cette épithète ravissante : *speculum memor ?* Le miroir qui se souvient ! Le miroir qui garde l'empreinte du visage un instant reflété ! Vous sentez bien qu'il était question du daguerréotype.

Je ne veux pas citer davantage. Je n'en finirais point. Je répète et j'affirme que le vers latin est le meilleur exercice qui soit, bien préférable, à coup sûr, à tous les exercices littéraires dont on fatigue le cerveau des rhétoriciens.

Pour user du procédé que M. Sarcey emploie lui-même fort souvent, avec un rare bonheur, je citerai un exemple qui rendra bien ma pensée. Il s'agit du fusil. Les Romains ignoraient le fusil. Ces braves gens ne se servaient que de flèches, javelots, épées courtes — toutes semblables à celles qu'emploient les figurants des Funambules, dans les combats légendaires que vous savez — instruments de carnage indubitablement enfantins. M. Krupp se tordrait de rire en les voyant dans un musée. Or, il faut exprimer l'idée de fusil. C'est un tube, un tube en fer, qui jette la mort et la flamme, en produisant un grand bruit. La périphrase est longue, mais nécessaire. Dans un discours latin, elle est aisée à traduire. Il faut étendre cette périphrase sur le lit de Procuste qu'on appelle l'hexamètre. La tâche est celle-ci : rendre dans un vers de six pieds, avec une césure après le second pied, ou avec une césure après le premier et le troisième pied, le tout finissant par un dactyle et un spondée, cette périphrase indispensable : Un tube d'airain qui vomit avec fracas, et la flamme, et la mort. C'est un travail d'esprit, fortifiant et charmant tout ensemble.

En résumé, M. Sarcey se trompe grandement,

à mon humble avis du moins, quand il estime le vers latin un exercice oiseux. C'est une œuvre de marqueterie, un casse-tête chinois, un labeur puéril, soit. Inutile? Non, mille fois non! Il y a, dans la confection d'un hexamètre ou d'un pentamètre, je ne sais quoi d'ingénieux et de fini qui aiguise singulièrement le cerveau. Les lectrices de ce journal ne m'en voudront pas trop d'avoir, une fois par aventure, gonflé ma voix et causé de choses un peu sérieuses. Satané Binet, de Suttières et Sarcey, trois ingrats, attaquent le pauvre cher vers latin. Je le défends à outrance. Très réellement, c'est, pour les jeunes gens de dix-huit ans, une des plus saines gymnastiques de l'esprit.

# SAYNÈTE

*Personnages.*

M. Léon Gambetta.
Le Correspondant du *Scorpion*, *journal politique, littéraire et financier*.

Le Correspondant. — J'ai enfin pu, monsieur le président, parvenir jusqu'à vous, souffrez que je m'en félicite. Le *Scorpion*, à l'affût de toutes les nouvelles, m'avait donné mission de vous voir et de vous interroger. La Providence, sous la forme d'un aide de cuisine dont je me suis concilié les bonnes grâces, m'a permis de forcer votre porte.

M. Gambetta, *un peu ironique*. — Ce sont là façons américaines, monsieur, qui relèvent singulièrement le journalisme.

Le Correspondant, *avec bonhomie*. — J'ai fait flèche de tout bois, monsieur le président. Grâce à d'innombrables mêlé-cassis, j'ai mené à bien l'œuvre entreprise. Me voici devant vous. Puis-je compter que vous voudrez bien répondre sans détour aux questions que j'ai promis de vous poser ?

M. Gambetta. — Comment donc ! Trop heureux, monsieur et cher inconnu, de vous exposer le fond de ma pensée.

Le Correspondant. — Je vois que je n'aurai pas fait en vain appel à votre bonté. N'êtes-vous pas de cet avis, monsieur le président, que la situation est singulièrement tendue ?

M. Gambetta. — Peuh ! Croyez-vous ?

Le Correspondant. — Si je le crois ! Il faudrait être aveugle pour ne pas voir les difficultés sans nombre qui vont surgir sous nos pas. L'hiver sera rude, monsieur le président — rude au point de vue politique, s'entend. Le ministère, ce ministère même que vous avez appelé *un ministère de Versailles*, sombrera, à coup sûr, si l'article 7 est repoussé par le Sénat. Or, qui peut avoir une donnée exacte sur le vote à venir des sénateurs ?

M. Gambetta, *grave*. — Voilà le chiendent !

Le Correspondant, *prenant rapidement une note*. — Vous venez de dire le mot vrai, monsieur le président. C'est là, et non ailleurs, qu'est le chiendent. Qui peut répondre du vote du Sénat ? J'admire, en vérité, de quelle façon un homme d'État éminent sait résoudre, et d'un trait, les problèmes les plus ardus. Nous, gazetiers de mince envergure, nous allons de droite et de gauche, nous hésitons, nous tâtonnons.

Vous, tout net, sans barguigner, vous mettez le doigt sur le point aigu. Chiendent! *(Très courtisan.)* Eh! monsieur, le *sans dot* de Poquelin n'a qu'a bien se tenir. Chiendent — que j'ai pieusement recueilli — lui fera quelque tort, j'imagine.

M. Gambetta, *un peu impatienté.* — Mon Dieu, monsieur...

Le Correspondant. — Je n'insiste pas sur l'article 7. M. Ferry ne s'est-il pas trop *emballé* sur votre fameuse parole :« Le cléricalisme, c'est l'ennemi? » A-t-il eu conscience des orages qu'il allait soulever?

M. Gambetta. — Là est la question.

Le Correspondant, *griffonnant à la hâte.* — En effet, là est la question. Si Shakespeare...

M. Gambetta, *nerveux.* — Laissons là Shakespeare, monsieur, qui serait quelque peu surpris de se trouver mêlé à notre... entretien. Avez-vous autre chose à me demander?

Le Correspondant. — J'abandonne pour un instant — pour un instant seulement — les affaires intérieures. Le *Scorpion* rend scrupuleusement compte des discours que les ministres s'en vont prononçant par les villes et les campagnes. Mais comme bien vous le pensez, tout en ajoutant foi aux déclarations de ces messieurs, nous voudrions un peu connaître le fin du fin. On nous affirme que jamais la paix n'a été mieux assise. Nous sommes heureux de ces affirmations, cela va de soi. Néanmoins, l'attitude de quelques puissances étrangères nous inquiète. L'Allemagne...

M. Gambetta. — L'Allemagne...

Le Correspondant. — Il me semble, monsieur le président, que vous avez dit *l'Allemagne* d'un petit ton sec.

M. Gambetta. — L'ai-je dit d'un petit ton sec ?

Le Correspondant. — Vous l'avez dit d'un petit ton sec. (*Il écrit une ligne à la dérobée.*) Je m'en étais toujours douté. M. de Bismark a juré de démembrer notre chère France. Les effroyables sacrifices qu'a dû faire la grande vaincue, il y a neuf ans, ne lui suffisent point. A la première occasion, il s'efforcera de mettre la main sur la Champagne. Alors, vous ne pourrez plus vous écrier éloquemment, comme autrefois : « Regardez à la trouée de Belfort ! »

M. Gambetta. — En effet...

Le Correspondant, *qui guette la moindre syllable*. — En effet ?

M. Gambetta, *à part*. — La peste du fâcheux ! (*Haut.*) Continuez, monsieur.

Le Correspondant. — Vous me rendrez cette justice, monsieur le président, que je ne traite avec vous que de choses d'un vif intérêt. Tout autre de mes confrères s'informerait, à ma place, de l'emploi de vos matinées, de vos après-midi et de vos soirées. Ces gens-là, reporters sans importance, sont les ouvriers des basses-œuvres. Moi, je *fais* dans les hautes spéculations politiques. Que pensez-vous de la Russie ?

M. Gambetta. — Eh ! eh !

Le Correspondant. — Je vous entends à demi-mot. C'est de là — n'est-il pas vrai ? — que peuvent nous venir, un matin, de grosses complications. Je ne vous parlerai pas de la retraite du comte Andrassy. Je sais d'avance ce que vous pourriez me répondre à ce sujet, et ne manquerai pas de le relater fidèlement. Il me reste, monsieur le président, avant de prendre congé de vous, à obtenir sur un point grave quelques loyales explications.

M. Gambetta. — Voyons.

Le Correspondant. — Je reviens à la politique intérieure. Je dois vous prévenir que je reviens à la politique intérieure.

M. Gambetta. — Vous êtes bien bon.

Le Correspondant. — Le directeur du *Scorpion* est anxieux.

M. Gambetta. — Ah ! diable !

Le Correspondant. — Il est d'autant plus anxieux que, avant l'article de M. de Girardin, il n'était pas anxieux le moins du monde. C'est à cinq heures, cinq heures et quart, à l'apparition du journal *la France*, que l'anxiété a pénétré dans le cœur de mon rédacteur en chef. Jusque-là, il était tranquille comme ce Baptiste dont la quiétude est, je ne sais pas pourquoi, passée en proverbe.

M. Gambetta, *distraitement*. — De quoi s'agit-il ?

Le Correspondant. — De quoi ? Mais de l'entretien du prince Napoléon avec un homme politique dont le nom est et demeurera un mystère. Cet entretien a une gravité qui, certes, a dû frapper un esprit aussi perspicace et aussi avisé que le vôtre. J'avoue que, sans le « sauve qui peut! » poussé par M. de Girardin, cette gravité nous eût échappé, à nous. Mais quoi ! il faut se rendre à l'évidence. Catilina est à nos portes! Catilina...

M. Gambetta. — Catilina ! N'allez-vous pas un peu loin?

Le Correspondant. — Je prends bonne note, monsieur le président, de votre précieuse interruption. Vous ne trouverez pas mauvais que les lecteurs du *Scorpion* soient les premiers à la connaître. Je vais peut-être un peu loin, en effet. Raisonnons cependant, si vous le voulez.

M. Gambetta, *poli*. — Je veux, monsieur, tout ce qui vous plaira.

Le Correspondant, *flatté*. — Mille fois trop bon. Voici le cas : A la mort du prince impérial, les républicains ont cru que c'en était fait du parti bonapartiste. J'oserai même ajouter, sans faire étalage de souvenirs littéraires, que la discorde semblait s'être introduite parmi les bonapartistes. M. de Cassagnac refusait de reconnaître le prince Jérôme comme héritier de la couronne impériale et lui opposait son fils aîné, le prince Victor. D'autre part, M. Rouher, homme de toutes les grandes pensées du règne et de toutes les fidélités, ne voulait pas démordre du sénatus-consulte de 52. M. Rouher est le « vieux Kérouan » de l'impérialisme. *(Ici, le correspondant, visiblement satisfait de sa « pointe », s'arrête quelques secondes; M. Gambetta ne bronchant point, il continue.)* Lui cependant, le prince Napoléon, ne soufflait mot. Enfin il a parlé.

M. Gambetta, *qui pense à autre chose.* — Comme Faringhea.

Le Correspondant, *se tordant de rire.* — Ah! monsieur le président, vous me permettrez de ne pas laisser perdre le *trait*. Lorsqu'a paru la conversation du prince Napoléon, nous n'y avons pas, d'abord, attaché d'importance. Les fanfaronnades du *César rouge* ne nous paraissaient pas de nature à troubler la tranquillité publique. N'estimez-vous pas que le prince Napoléon, prétendant avoir à sa dévotion toutes les vieilles familles du noble faubourg, reculait un peu les bornes de l'outrecuidance ?

M. Gambetta. — !!!

Le Correspondant. — Le prince Napoléon ne fera jamais oublier le sobriquet dont il a été affublé au retour de l'expédition de Crimée. A tort ou à raison, on ne revient pas, en France, sur les mots acquis. Jérôme-Egalité restera éternellement un lâche pour la foule. Quant à son *recul* en ce qui touche la question cléricale, il ne nous a inspiré qu'un haussement d'épaules. Tout cela est piteux. N'êtes-vous pas de mon avis?

M. Gambetta. — !!!

Le Correspondant. — Ainsi nous pensions, du moins, lorsque M. de Girardin est venu nous mettre la mort dans l'âme. *(Le correspondant s'échauffe.)* Serait-il possible que dix ans de patience et de ferme vouloir tombassent devant vingt phrases d'un prétendant méprisé? Serait-il possible que le faux démocrate du Palais-Royal pût jongler ainsi avec la crédulité publique? Serait-il possible que M. de Girardin ne se trompât point en voyant un danger sérieux dans une pasquinade?

M. Gambetta. — !!!

Le Correspondant. — Il me reste à vous remercier des réponses si nettes et si précises que vous avez daigné me faire. Soyez sûr que le public appréciera la sérieuse valeur de notre entretien. Il faut avouer que la mode américaine a du bon. J'ai l'honneur, monsieur le président, de vous présenter l'assurance de mon profond respect.

M. Gambetta, à *bout de patience, un peu bref.* — Serviteur, monsieur.

## . UN JUIF

Dans la crainte d'être accusé de misogynie, je ne reviendrai pas sur le fait lamentable de ces jours-ci, lequel serait pourtant si fertile en développements instructifs. Il n'y a pas d'intermittence; c'est bel et bien une série. On dirait des adultères de Panurge.

Le pauvre homme avait des soupçons. Il est rentré à l'improviste, a trouvé sa compagne dans une toilette rudimentaire, et, la rage aux cheveux, a tué la femme et l'amant. Il s'est tué lui-même, par-dessus le marché. Ç'a été proprement un massacre. Voilà ce que j'appellerai nettoyer une situation. Le père du jeune amoureux a essayé de démontrer, dans une explication rendue publique, que son fils et Mme Filliette étaient comme « frère et sœur ». Je ne demande pas mieux que de croire sur parole ce père infortuné, tout en avouant que je suis on ne peut plus surpris que la virginale défunte, pianiste fort distinguée, eût contracté la singulière habitude d'ôter sa chemise pour jouer des morceaux à quatre mains.

Détournons donc nos yeux de ce spectacle de sang, qui serait de nature à faire douter de la vertu des femmes, et jetons un regard sur le procès d'hier. Il n'y a point là de drame. On jurerait plutôt que c'est un conte des *Mille et une Nuits*.

Nous avons tous coudoyé, sur le boulevard, au bois de Boulogne, au théâtre, un vieillard dont la légende parisienne exagérait encore l'énorme fortune, M. Garfunkel. Le procès dont je parle nous a révélé les débuts de cet audacieux spéculateur, qui n'eut jamais l'envergure d'un grand financier. Du procès en lui-même je ne dirai rien. M<sup>lle</sup> Rebecca, la demanderesse, qui ne se veut pas contenter du maigre million que lui lègue le testament paternel, obtiendra-t-elle la forte somme? C'est affaire à M. Aubépin. Un million me semble cependant mettre M<sup>lle</sup> Rebecca à l'abri de la misère. Peu nous importe, du reste. Tous ces gens dorés sur tranche, qui se battent sur un cadavre, ne sont guère intéressants.

Un seul point est curieux en ce procès, c'est la façon simple dont se marient parfois les juifs de la basse classe. Un juif va trouver une juive, et, escorté d'une demi-douzaine de camarades, la conduit devant un vieillard qui murmure quelques formules hébraïques. Le couple salue, disparaît et va faire souche. Le même juif peut renouveler ce petit manége tant qu'il lui plaît. Il en a comparu un, l'année dernière, devant le tribunal correctionnel. Le gaillard avait épousé six femmes. Comme il avait argué de vieilles coutumes de sa religion et que le juge instructeur ne s'était point aventuré à le poursuivre sur le chef des mariages, on ne lui reprochait que quelques escroqueries sans importance commises à l'égard de ses femmes. Un Lovelace doublé d'un Alphonse ! Il attrapa six mois de prison. Un mois par femme ! En conscience, le jeu n'en valait pas la chandelle.

C'est à peu près en ces conditions que s'était marié jadis M. Garfunkel. Le mariage est-il légalement valable ? M<sup>lle</sup> Rebecca est-elle fille légitime ? Là est toute la question.

Dans les procès de ce genre, ce sont les points *à côté* qui sollicitent l'observateur. Nous avons tous admiré le luxe de M. Garfunkel. D'où venait ce juif qui, sans la bonne farce que la Turquie a faite aux porteurs de sa rente, serait mort avec plus de quarante millions ? Le berceau de cet homme était un petit village du gouvernement de Minsk, en Russie. Il était fils d'un paysan juif.

Or, pour qui sait un peu les mœurs de ces pays, le paysan juif est quelque chose au-dessous de rien. Nous ne connaissons guère, nous, que les Russes aimables, à accent plein de caresses, que nous heurtons chez Bignon ou à la Maison-d'Or. Mais il ne faut pas les gratter beaucoup pour retrouver le traditionnel Cosaque. Le Russe d'excellente compagnie, grisé de vin de champagne, devient un Russe tout à fait inattendu. Ce n'est point une ivresse de gentilhomme, c'est une ivresse de Kalmouk. La nature reprend ses droits et surgit en son âpreté. Il y a du sauvage dans ces Moscovites à façons doucereuses.

Chez eux, sur leur terrain, ils s'ingénient peu à se contraindre. Les juifs sont là ce qu'ils étaient, en France, au moyen âge. Beaucoup portent les cheveux en tire-bouchons. Ils font les œuvres obscures, amassent et cachent l'argent, vivent entre eux comme des loups, haïssent et élèvent leurs enfants dans la haine. Je ne serais point étonné que les coups de bâton fussent encore de bel air, là-bas, à l'égard des juifs. Les malheureuses gens courbent l'échine, rentrent leur rage et attendent. Si jamais un 93 éclatait en Russie, ce serait certainement un juif qui deviendrait procureur-syndic et enverrait à la guillotine, en exsultant d'une joie fauve, tous les seigneurs en *off* qui, depuis des siècles, ont opprimé sa race.

Ainsi né, ce Garfunkel, qui s'appelait bien un peu Meïer, a lutté avec la ténacité propre aux gens de cette nation dispersée et maudite. Trente-cinq ans après le mariage que vous savez, nous le retrouvons à Paris avec des voitures, sa loge à l'Opéra, en plein luxe.

Il faut convenir que Balzac n'a pas inventé son

Gobseck. Il l'a rencontré et a vécu de sa vie. Ce Gobseck, âpre, solitaire, replié sur lui-même, faisant trembler, d'un coup d'œil clair et fixe, le comte de Restaud et de Marsay qui plient le genou devant lui, est bien le juif qui savoure *in petto* sa vengeance, tout de même qu'un Peau-Rouge de Cooper. Ce Gobseck explique l'héroïque impassibilité du juif durant dix-huit cents ans.

Sans compter que, à l'heure où nous sommes, le juif a pris dans la société moderne une place si considérable, que rien, j'entends absolument rien, ne se peut faire sans lui. Je ne parle plus d'un de Marsay, condottiere élégant qui se lave après avoir serré la main du lépreux. Des rois ont supplié un juif dont le grand-père, à la fin du siècle dernier, vendait des montres dans les rues de Francfort. Le juif est une clef de voûte. Quand l'abîme de la faillite s'ouvre sous les pas d'une nation; quand il faut payer à brève échéance une dette nationale; quand des milliards sont nécessaires pour le salut commun : le juif apparaît. Il jette ses sacs d'or dont la source est aussi inconnue que la source du Nil. Soudain, l'abîme est comblé, la dette est payée, le salut est assuré. Le juif a passé là.

Le juif a conscience de sa force. Il laisse quelques-uns des siens s'égarer dans la carrière des arts, où ils excellent. Foncièrement, le juif est l'homme de l'or. C'est par là qu'il nous tient e nous domine. Il est peu d'officiers juifs. Le juif n'aime point l'impôt du sang. Depuis le jour où a retenti le grand cri de malédiction, le juif a ceint ses reins, pris son bâton et commencé sa course par le monde. Ce monde, il est arrivé, somme toute, à le tenir sous ses pieds. C'est une stupéfiante œuvre de patience. Les tortionnaires, las de leur œuvre infâme, ont renoncé à allumer des bûchers. Le juif, implacable, a poursuivi sa marche.

J'étonnerai peut-être bien des gens en énonçant le chiffre de la population juive en France. Ils ne sont pas cent mille, nos maîtres. Tous ou presque tous sont à Paris, à Bordeaux ou à Marseille. On pourrait tracer une grande ligne sur la carte de France, ligne englobant quatre-vingts départements, et dire, sans crainte de se tromper : « Ici n'a jamais paru un juif. » Et, de fait, il y a, en France, des millions d'habitants qui oncques n'ont vu un juif, et l'occasion venue, le considéreraient volontiers comme un animal antédiluvien.

Je sais pardieu bien les railleries faciles auxquelles ils prêtent le flanc. Leur nez trop bourbonnien, leur âpreté aux gains hasardeux, leur voix à notes gutturales, tout cela est matière à nouvelles à la main que nos pères ont inventées et que nous reproduisons volontiers, pour les besoins de la *copie*. Mais, lorsque nous aurons bien ri, aurons-nous empêché ces israélites, dont quelques-uns tiennent du *pape* d'indiscutables titres de noblesse, d'être nos seigneurs! Ils ont obéi au secret mot d'ordre qu'ils semblent se léguer de génération en génération, et sont tout près de voir luire le jour de la victoire définitive.

Ce juif, dont on se dispute les millions, M. Garfunkel, était bien le prototype de « l'israélisme ». M. de Rothschild — M. le baron de Rothschild, s'il vous plaît — est un prince, lui. M. Garfunkel était un de ces petits compagnons qui empochent sournoisement les grosses pièces d'or. Ils sont des milliers qui font ce métier-là dans l'ombre, depuis le *mercanti* de la rue Notre-Dame-de-Nazareth qui cache ses sous dans les cendres, jusqu'au boursier heureux qui achète des hôtels et entretient des filles d'opérettes. Car il a souvent le bon esprit d'être généreux, le juif!

Un beau jour, nous nous réveillerons, comme le géant des contes de fées, entourés de liens, bêtes de surprise, réduits à l'impuissance.

Quant à moi, je ne ferai pas mystère que je les crains un peu et qu'ils m'étonnent beaucoup. Rien ne leur répugne et rien ne les rebute. Ils vont droit leur chemin, peu soucieux de l'inexplicable réprobation qui les atteint, faisant fièrement tête au préjugé idiot, dédaigneux de l'injure et braves à l'heure voulue. Je n'oublie pas que bon nombre d'entre eux ont su mourir, quand a sonné le glas de la patrie. Ce sont d'extraordinaires gens. Il faudrait manquer du plus vulgaire dilettantisme pour ne pas admirer cette race éternellement persécutée et éternellement triomphante !

## ALBERT DELPIT

Voilà Delpit définitivement hors de pair, et j'en suis tout charmé. Le succès, poursuivi sans relâche par cet infatigable travailleur, a éclaté franc et indiscutable, cette fois. Chose étrange et peut-être sans précédent dans le monde tourmenté des gens de lettres, pas une voix ne s'est élevée pour protester là contre. Ç'a été un bravo unanime. Chacun s'est réjoui de voir ce jeune homme sortir de la pénombre où il se débattait et triompher tout d'un coup en pleine lumière. Nous avons battu des mains sans arrière-pensée. On eût dit que le succès de notre camarade était notre succès propre. Constater ce phénomène est le plus bel éloge que je puisse faire de Delpit.

Il ne sort guère. On le connaît peu. C'est un garçon de trente-deux ans, à la figure longue et à la barbe pointue. Il a l'allure sèche et un brin automatique des gens qui ne se sont décidés à grandir que vers la seizième année. Deux yeux petits, vifs, convergeant un peu vers l'angle du nez, donnent à cette physionomie une expression à la fois énergique et fine. Le teint a cette pâleur aristocratique que célèbrent les romanciers et qui fait rêver les petites pensionnaires. J'ajouterai que barbe, cheveux et sourcils sont rouges — un curieux spécimen de rouge Titien. Je ne l'ai jamais vu sans gants. C'est un vœu.

Nous nous sommes connus, Delpit et moi, à l'époque déjà lointaine où, pour parler comme Arnal, nous mangions des choucroutes peu garnies dans des chambres qui l'étaient moins encore. Je crois bien, si j'ai bon souvenir, que nos familles n'affichaient pas pour nous un enthousiasme excessif. Le « temps heureux où nous étions si malheureux », chanté par Béranger sur son luth en bois blanc, m'a toujours paru une facétie d'un goût particulièrement douteux. Quoi qu'il en soit, la guerre arriva. Je ne sais pas si Delpit est français ou américain. Il est peut-être né à bord. Il fut, néanmoins, rudement français durant cette année-là. On lui mit un petit ruban couleur de sang sur la poitrine. Il ne l'avait pas volé. — Il y a cinq ou six ans, à la suite d'une querelle avec M. de Borda, il dut aller sur le terrain. M. de Borda est un tireur irrégulier, mais d'une force classée, en tout cas redoutable. Lui, Delpit, tenait son « glaive » comme une canne. Ma foi, il reçut son coup d'épée en joli garçon qui sait bien jouer sa peau. Il y a du gentilhomme dans ce mâtiné de yankee et d'européen.

Aujourd'hui que des romans réussis ont amené le bien-être dans la maison et que M. Peragallo ouvre sans difficulté sa caisse, il est bon — n'est-ce pas? — de jeter un regard souriant sur les passes douloureuses d'autrefois. Tout n'est pas géranium dans les débuts de l'homme de lettres. Ayant l'âme haute, Delpit a souffert de ces épreuves-là plus qu'un autre. Un jour, dans une heure sombre, un homme plein de talent et de cœur, M. Auguste Maquet, soupçonna cette gêne laborieusement dissimulée. Il alla au-devant du jeune homme, qui éprouvait, sans les avouer, grand Dieu! de vagues désespérances, et, avec une foule de délicatesses féminines, lui mit cinquante louis sur sa table de travail. Je ne suis pas indiscret, Delpit a déjà écrit quelque part cette anecdote touchante. Que voulez-vous? Tout le monde n'est pas adepte de M. Perrichon. Recevoir un service, éprouver une profonde gratitude, et le crier par-dessus les toits, cela n'est certes pas d'un cœur vulgaire.

Je ne veux pas rappeler ici les romans de Delpit. Il y a dans ces romans, souvent écrits à la hâte, une évidente préoccupation de descendre le plus tôt possible chez M. l'administrateur du journal, lequel est généralement chargé de « compter les lignes ». Toutefois, et malgré une forme lâchée et à la *va comme je te pousse*, je trouve partout une imagination vive, du feu, je ne sais quel diable au corps. Ces qualités-là étaient si réelles que la *Revue des Deux Mondes*, la vénérable revue, qui porte des robes feuille-morte et se bourre le nez de tabac d'Espagne, lança des œillades au jeune homme. La *Revue* en est demeurée aux formules de 1835 : « Veux-tu monter, mon beau cavalier ? » chantonna-t-elle. Delpit, qui a du tempérament, monta. C'est à la *Revue* qu'il publia le *Fils de Coralie*.

A part le roman du *Fils de Coralie*, d'où a été tirée la pièce, l'œuvre de Delpit, comme romancier, me semble mince. Ce *Fils de Coralie* était écrit dans un style très net, d'une correction véritable et, par intervalles, singulièrement fort. C'est affaire à Delpit de juger s'il doit exploiter cette veine. Où je lui crois un très bel avenir, c'est au théâtre. Non, vous n'imaginez pas ce qu'il a fait de pièces! On remplirait l'Odéon avec ses manuscrits. Des comédies dans le genre de Scribe, des drames taillés sur le patron des drames de Dumas père, des traductions en vers de Shakespeare, — que sais-je, moi? Je me rappelle qu'un *Othello* m'avait paru d'une belle allure. Delpit, qui alors tâtonnait et cherchait sa voie, proposa son *Othello* à M. Perrin. M. Perrin eut un bon sourire et, désireux de se conformer à son cahier des charges en encourageant les tentatives littéraires, mit le lendemain en répétition une pièce quelconque du Vaudeville ou du Gymnase, — sous le regard paterne du sous-secrétaire d'Etat d'alors.

Dire que Delpit fut heureux, lors de sa première pièce, serait, je crois, altérer sensiblement la vérité. La chose était intitulée : *Robert Pradel*.

C'était, en fin de compte, le procès de M. le duc de Praslin transporté au théâtre — avec des variations. La salle ne s'échauffa un peu qu'à une scène fort belle, débitée avec trop de bonnes intentions par M. Tallien. Ce fut une chute, une chute honorable, dans le goût des chutes « des jeunes » de l'Odéon. On applaudit avec discrétion et convenance. A la cinquième, l'Odéon faisait ses trois cents francs de recette comme un cirque forain. Les acteurs avaient une figure de carême. Le directeur estima prudent de retirer la pièce de l'affiche. Delpit, qui ne s'étonne pas beaucoup, fut très étonné.

*Jean Nu-pieds*, joué au Vaudeville par les artistes un instant en société, marqua un réel progrès dans la façon de faire de Delpit. L'œuvre était plus serrée, plus nourrie, mieux au point. Déjà on pressentait un auteur dramatique. La « première » fut une ovation. Un tas de grands vers partaient comme des fusées. On les saluait au passage. Munié, le pauvre Munié, mort depuis, trouva là le plus beau succès peut-être de sa carrière artistique. Il jouait le rôle d'un vieux Vendéen qui, avant de marcher à l'échafaud, imposait ses dernières volontés à son fils :

> Oui, je te parle en père et je te parle en maître.
> Puisque je vais mourir, je deviens ton ancêtre !

Tout cela était de large envergure. Je me rappelle le bon Munié venant annoncer le nom de l'auteur avec les joues gonflées de joie. Il mettait la main sur son cœur et envoyait des baisers au public. Ce soir-là, Delpit put supposer qu'il touchait au port. Le lendemain, il y eut près de trente degrés de chaleur. C'était le coup de grâce. Delpit fut étonné pour la seconde fois, mais le brave camarade ne se rebuta point.

Le *Fils de Coralie* aura été pour son auteur, au point de vue psychologique, ce qu'a été la *Dame aux camélias* pour Dumas fils et ce qu'a été *M. Garat* pour Sardou. Dumas avait publié déjà ses romans de jeunesse : la *Vie à vingt ans*, la *Dame aux perles*, le *Roman d'une femme* (un quasi chef-d'œuvre oublié) et d'autres encore. La *Dame aux camélias*, parue d'abord sous forme de roman, avec une étincelante préface de Jules Janin, servit de scenario à la pièce qui a fait tant pleurer nos pères. Il y a une curieuse ressemblance entre le cas de Dumas fils et celui de Delpit. C'est là un bon présage. Décidément, la journée doit être marquée de ce caillou blanc si cher aux « Bidard » de la vieille Rome.

Sardou avait eu, lui aussi, de terribles combats à soutenir. Cet homme de trente ans, aux joues caves et aux yeux tout pleins de fièvre, était presque épuisé par la lutte quand le succès de *M. Garat* lui vint remettre du baume au cœur. Ce que celui-là doit avoir, dans un coin du grenier, de comédies et de drames enfouis, est inénarrable. Une traduction d'*Othello*, peut-être ! Sans Déjazet qui passait par hasard, comme le gendarme d'Hervé, le célèbre académicien d'aujourd'hui serait peut-être mort, il y a vingt ans, dans une chambre à tabatière, haineux, brisé, n'ayant même plus la force de montrer le poing à la vie ni de lancer vers le ciel la poignée de poussière du vaincu !

Delpit a doublé le cap. J'ai bonne espérance qu'il saura naviguer habilement. Il y a dans le *Fils de Coralie*, en dépit d'un quatrième acte un peu plus « convenu » que de raison, des qualités hautes d'auteur dramatique. L'écrivain qui a trouvé, amené et conduit à bien la maîtresse scène du troisième acte, est indiscutablement un homme de théâtre de premier ordre.

Puis, pourquoi y aller par quatre chemins ? comme disent les bonnes gens de chez moi. Je connais et j'aime ce laborieux que rien jusqu'ici n'a découragé. Je sais sa vie. Je me représente bien la petite loge où se cachait la charmante femme qui porte le nom de Delpit et qui a été la compagne vaillante des rudes périodes. Je suppose que, quand les applaudissements ont attesté l'énorme succès de l'œuvre si patiemment travaillée, Delpit est rentré dans la loge et — tout au fond, sans souci du public — a embrassé sa femme comme une espèce de toqué. Ils ont dû pleurer d'adorables larmes et se moucher avec un bruit de trompette. Quelle minute ! Eh bien ! mon ami, sur ma grande parole d'honneur, j'ai été plus heureux que toi !

## MADAME O'CONNELL

Il m'est arrivé, une fois en ma vie, de visiter une maison de fous. L'impression que j'ai retirée de cette visite a été telle que, à l'heure même où j'écris ces lignes, je ne puis me défendre d'un invincible sentiment d'effroi. Ces machines purement animales, ces mis hors l'humanité, ces morts-vivants m'ont laissé dans l'âme le « je ne sais quoi qui ne s'éteindra point » dont parle le grand poète attristé. C'est un effroyable pêle-mêle de mines sombres ou hagardes, ou à l'évent. Parfois un visage rassis et doux : le Tasse de Delacroix au milieu des furieux. Pour ces furieux, existe une cellule à part, pleine d'instruments d'aspect inexplicable. Il manque, dans cette cellule-là, l'homme à haut-de-chausses mi-partie, à pourpoint plaqué au corps, au visage haut et dur, que j'ai vu dans mon enfance sur une lithographie représentant une torture au Fort-l'Evêque. Encore une fois, c'est un épouvantement.

C'est dans une maison de ce genre que se trouve en ce moment une femme qui a eu des jours de succès artistique et d'éclat mondain : M^me O'Connell. Dans ce Paris étrange, tout de fièvre et d'éclairs, le deuil de la veille est oublié le lendemain. Il est vrai. Voilà plus de onze ans que M^me O'Connell est perdue. Cette intelligence vive, cette imagination surchauffée, cet esprit alerte : tout cela a sombré en un clin d'œil. On ne sait, quand on assiste à ces désastres, ce qui l'emporte de la douleur ou de la surprise. C'est un coup de théâtre. La scène est inondée de lumière, de paillons, de gens et de choses. Puis la toile du fond baisse, la rampe s'éteint, plus rien de ce qui était. Ainsi de M^me O'Connell. Elle a disparu subitement, comme disparaissent les reines des féeries, sur un coup de sifflet du grand machiniste inconnu.

Un de nos confrères, rédacteur du *Gaulois*, a vu ces temps-ci M^me O'Connell. La pauvre femme n'a plus la notion de la vie. Elle s'imagine être un puissant philosophe et prépare un ouvrage qui doit révéler le dernier mot de toutes les questions. Elle a percé l'arcane. Le grand tout n'a plus de secret pour elle. De ces pinceaux d'autrefois, pinceaux qui furent l'idolâtrie de sa jeunesse et la gloire de son âge mûr, elle n'a plus souci. Notre confrère, qui a tracé un tableau très saisissant de cette entrevue avec M^me O'Connell, affirme que, en dehors de cette folie philosophante, M^me O'Connell est saine d'esprit. Elle se souvient. Ah! la malheureuse! Mieux eût valu mille fois que le cerveau craquât tout entier! De plus, M^me O'Connell, l'élégante d'il y a quinze ans, qui avait parfois des grimaces hautaines, est pauvre. On l'a reléguée dans la salle ordinaire, avec les folles de la rue que les gardiens de la paix ramassent et conduisent au poste. Elle est vêtue d'un uniforme d'un gris d'hôpital. Elle connaît, vivante, les horreurs de la fosse commune. Quelle chute! Et quel formidable enseignement!

Le public, que les gens de lettres et les artistes amusent ou émeuvent, ne saura jamais de quels supplices est fait son plaisir ou son émotion. C'est un pacha, ce public, un pacha semblable à ce terrible Ali, de Hugo, qui passe implacable sur le ventre de ses peuples « et qui fait un ciment à son palais superbe de leurs os broyés dans leur sang. » Chante, poète! Distrais-nous, romancier! Fais-nous rire, comédien! Dansez pour nous, pour nous spectateurs ventrus et payants, la ronde sans trêve. Après cela, baladin de génie, que tes moelles se vident, que tes nerfs éclatent, que les cordes de ton cerveau se dessèchent et se flétrissent! Peu m'importe, vraiment! Je suis pacha, je suis Ali, je suis le maître.

Il ne convient pas de faire ici l'affreuse nomenclature de tous ceux qui, défrichant à un titre quelconque le champ de la pensée, sont tombés à mi-route, depuis trente ans. Les noms se pressent sous ma plume. L'hébètement de Musset, le gâtisme de du Boys, la folie de Martin, la noyade du comédien Villars, le coup de pistolet de Marchal, — que sais-je ? Il faudrait citer, citer encore, citer toujours. C'est un martyrologe. Nous nous attendrissons, en dépit de nous-mêmes, quand nous voyons les vaincus de la fête, ces vaincus dont Meilhac dit si plaisamment qu'ils ont vingt blessures et pas de campagne, s'accroupir sous la lance à douche de l'aliéniste. Ne devons-nous pas nous sentir pris par le cœur alors qu'il s'agit de gens qui ont succombé sous le poids de travaux trop lourds et dans de nobles luttes ?

C'est une loi fatale. Qui vit par le cerveau meurt par le cerveau. Que si, par aventure, le mal épargne le cerveau, il s'en prend à l'épine dorsale avec une sorte de fureur. Les médecins appellent ça d'un nom baroque — l'ataxie, je crois. C'est de cette maladie que souffre si cruellement un des nôtres, un des meilleurs, un martyr, Xavier Aubryet. Pour son malheur, il a gardé le cerveau intact. Il y a quelques mois encore, il écrivait, — que dis-je ? — il dictait des pages charmantes et résignées. Les jambes sont à jamais privées de mouvement ; les mains ont perdu la sensation du toucher ; la cécité, l'abominable cécité, est venue compléter l'œuvre. Et au sommet de ce corps —

qui est un cadavre — plane un cerveau net, ferme et toujours lumineux. Ne dirait-on pas d'un pur rayon de soleil éclairant des ruines ?

Je n'ai point qualité, ne sachant pas distinguer un Raphaël d'un Manet, pour apprécier le talent de celle qui fut la belle M$^{me}$ O'Connell. J'ai souvent entendu dire qu'elle était une grande artiste. Ce que je sais, c'est que, il y a quinze ou vingt ans, elle tenait un salon où, paraît-il, c'était une faveur que d'être introduit. Quelque chose comme le salon actuel de M$^{me}$ Edmond Adam. Les artistes, les hommes du monde, les gens de lettres se coudoyaient. La maîtresse de la maison, qui avait quarante-cinq ans alors, était pleine de charme accueillant, bien qu'un peu fiévreuse et parfois excentrique. A coup sûr, rien ne faisait présager la catastrophe finale et irrémédiable.

On comprendra sans peine que je n'ai pas l'intention de faire ici l'inutile biographie de cette recluse, désormais morte pour les vains bruits du monde. Que M$^{me}$ O'Connell ait eu une existence tourmentée ou non ; que le sieur O'Connell n'ait que faiblement répondu à l'idéal que s'était créé la jeune artiste ; qu'un désastre financier l'ait assaillie à une certaine époque : ce sont des points qui nous inquiètent peu. Le fait brutal et horrible est là, devant nous. Nous le touchons. D'où qu'ait soufflé la tempête, il est clair qu'une tempête a grondé sous ce crâne et l'a foudroyé. Que doivent penser les amis et amies des heures brillantes, en présence d'un état que vient encore aggraver la misère?

Il y a, dans le récit que conte notre confrère, un détail navrant et qui vaut d'être rappelé. M`me` O'Connell aimait les toilettes, non en cocodette pour qui le monde entier tient dans le salon du couturier Worth, non en « mangeuse d'asperges » échappée d'un numéro de la *Vie parisienne*, mais en artiste éprise des belles choses faites de soie et de velours. Or, la pauvre créature a demandé au directeur, devant notre confrère réellement ému, qu'on lui donnât une autre robe. La sienne est usé, trop étroite, désormais impossible à mettre. Elle l'a demandée, cette robe, d'un petit ton doux, timide, presque humble. Le directeur a promis avec bonté. On va renouveler l'uniforme de la belle M`me` O'Connell ! Il faut avouer que Shakespeare n'a rien inventé et que la réalité est singulièrement fertile en féroces antithèses !

Je n'ai pas à citer les noms des personnages qui jadis se pressaient dans les salons de M`me` O'Connell. On m'affirme que plusieurs des dames qui y faisaient figure sont aujourd'hui des dames riches et, comme disait la Grande Mademoiselle, « en état d'influence ». Il est hors de doute que ces dames ignorent la situation de leur ancienne amie. Sans quoi, depuis longtemps, M`me` O'Connell serait dans le quartier des « payantes », et non dans le quartier des « indigentes ». Elle aurait une chambre à elle, une petite toilette, un lit plus confortable. Elle serait soustraite au contact des folles, *ses camarades*, et pourrait, aux instants lucides, qui ne sont pas rares chez elle, se recueillir et souffrir en paix. Ce serait là la bien modeste consolation des dernières années de cette infortunée femme !

Notez que je n'entends pas faire ici d'ironie facile. Il est convenu, s'il faut en croire les jeunes poètes, que le cœur des femmes est une inépuisable source de charité. Cela est si vrai que je suis tout à fait sûr que, au premier bal de charité, nous verrons accourir une foule de dames décolletées à faire rougir une caserne de zouaves et désireuses de venir en aide à ceux qui souffrent. Personne ne me fera donc croire que les anciennes habituées du salon de M$^{me}$ O'Connell connaissent l'abominable détresse où est réduite leur amie. A moins toutefois qu'une grave question pendante — le collant à porter ou à ne pas porter cet hiver, par exemple — ne préoccupe outre mesure ces âmes avides de dévouement !

Il doit y avoir, au ministère des beaux-arts, des fonds affectés aux artistes tombés dans la misère. Si M. Turquet cherche une belle occasion d'utiliser partie de ces fonds-là, il a son affaire sous la main. Il y a quelque chose de si poignant dans le dénuement absolu de M$^{me}$ O'Connell que j'ai vu des indifférents même, qui ne touchent ni de près ni de loin au monde des lettres et des arts, en être profondément remués. Je ne connais pas ce qu'on appelle « les hautes régions administratives », et j'avoue qu'il est très possible que le ministre des beaux-arts ne soit pas en mesure d'atteindre l'objectif que nous poursuivons. En ce cas, nous nous cotiserons entre nous. La presse parisienne accomplira son devoir.

Je me hâte de dire que « ceci n'est pas mien ». C'est M. de Girardin qui, avec un élan qui lui fait le plus grand honneur, a lancé avant-hier, après avoir lu le lugubre récit du *Gaulois*, cette généreuse proposition. L'éminent publiciste passe de longue date pour avoir une idée par jour. Ainsi que de raison, ces idées ne sont pas et ne sauraient être toutes bonnes. Je garantis que celle d'avant-hier est excellente. C'est d'un haut et chaud mouvement. Nous y répondrons tous. Bon nombre de nouveaux venus dans le journalisme ignorent, comme moi, ce qu'était M$^{me}$ O'Connell il y a vingt ans. Nous ne le savons que par ouï-dire et nous nous contentons de le répéter. En tout cas, elle était artiste. Nous le sommes aussi, ou du moins nous tâchons de l'être — à notre façon. M$^{me}$ O'Connell était donc nôtre. Il ne sera pas dit qu'une des nôtres finira de cette sorte. La pension exigée est de douze cents francs par année. Tout naïvement, j'avoue que je ne me rends pas un compte exact du capital qu'il faut, au taux actuel de l'argent. Vingt-cinq ou trente mille francs, j'imagine. Il suffit. Ces bohémiens de gazetiers retourneront leurs poches. La mondaine artiste d'autrefois, la pauvre folle d'aujourd'hui, aura du feu et du linge !

## LE DEUIL DES COMÉDIENS

On m'a déjà reproché, à plus d'une reprise, d'écorcher à vif, dans les colonnes de l'*Événement*, l'amour-propre parfois si amusant des comédiens. J'avoue que je n'ai été que médiocrement sensible à ce reproche. Les gens de théâtre poussent à un si curieux degré le contentement d'eux-mêmes que c'est, en vérité, faire œuvre pie que de les railler de temps à autre. Ils bondissent sous la satire et poussent des cris de paon — les seuls qu'ils puissent pousser. L'un d'eux même, en un jour de fâcheuse humeur, nous a traînés, mon directeur et moi, devant les tribunaux de notre belle France. Modeste comme toutes les queues-rouges, il ne demandait que 20.000 francs de dommages-intérêts. Trois vieillards grognons et impartiaux lui octroyèrent libéralement 25 francs, destinés à panser les blessures de son orgueil. J'imagine que ce brave garçon, qui n'est point un méchant comédien, doit conserver contre moi une dent longue comme une dent d'Anglaise. Au vrai, j'en ai peu souci.

Remarquez bien que je ne nie pas les qualités

de ces acteurs, dont la plaisante outrecuidance est un admirable sujet de chronique. Ces qualités sont nombreuses et hautes. A part les rivalités d'emploi et les *potins* de coulisses, ils ont des élans qu'on chercherait en vain dans le monde de la passementerie. Quand l'un d'eux trébuche et tombe, ils se réunissent, organisent de leur mieux des représentations, viennent de tout cœur à la rescousse du camarade échoué, et se donnent à cette bonne œuvre-là vaillamment. Si, d'aventure, la presse signale à leur dévouement une grande infortune, ils n'hésitent pas, répondent d'un cri unanime à l'appel qui leur est adressé et, sans espoir de lucre, sans arrière-pensée, en braves gens qu'ils savent être, apportent leur concours immédiat. Hâtons-nous de le reconnaître, c'est là une chose rare par le temps de coulissiers où nous sommes.

Pourquoi faut-il que, à côté de ces qualités hors ligne, il y ait en eux une façon d'être éternellement théâtrale qui prête au sourire? Jamais le comédien ne dépouille tout à fait ses paillons et ses oripeaux. Bouffé, — a raconté quelque part Roqueplan — les jours où il devait jouer le *Gamin de Paris*, se promenait dans l'après-midi sur le boulevard Bonne-Nouvelle, avec des allures de vieillard cassé; les jours où il devait jouer le *Père Grandet*, il affectait d'aller et venir droit, sec, juvénile, devant le théâtre du

Gymnase : de telle sorte que, le soir, les spectateurs qui, d'aventure, avaient pu l'apercevoir, entre trois et quatre heures, s'enthousiasmaient à miracle. L'anecdote est bien topique. Et notez que Bouffé était, celui-là, un maître. Les gens de théâtre ont cette faiblesse incoercible d'être partout en scène, dans leurs cafés, sur l'asphalte, au milieu des leurs, en mangeant un rumsteck, toujours et quand même. Lorsqu'ils suivent un convoi, ils sanglotent de vrais sanglots, mais point comme vous sangloteriez, vous et moi, lecteur. Leurs sanglots semblent avoir été réglés par un metteur en scène.

Car — et c'est là précisément où j'en veux venir — ils sont à ce point dominés par la pratique quotidienne de leur métier, qu'ils ne peuvent même plus, en dépit d'eux-mêmes, se réjouir, gémir ou aimer simplement. En toutes conjonctures, ils prennent des attitudes connues. Le comique, accablé par une douleur intime, affecte involontairement la pose et les inflexions de voix du bon Pradeau qui, obligé de pousser un cri dramatique, dans je ne sais quelle pièce de Sardou, s'en tira, ma foi, fort bien, et au plus grand étonnement des spectateurs. Le *traître* obéit, lui, à sa seconde nature ; il demeure sombre et — convaincu en diable — nage en plein quatrième acte. Le grand-premier rôle porte beau, se drape dans sa douleur comme dans le manteau de don César de Bazan et, *in petto*, malgré sa très réelle souffrance, se montre de trois quarts, à la façon de Mélingue, dans les scènes où la jeune-première brisait ses dernières espérances. Que voulez-vous ? Ils sont ainsi. Nous ne les changerons point.

Nous, qui allons bêtement par les chemins battus, quand un malheur nous frappe, nous avons horreur du bruit, de la foule, des choses ambiantes. Nous nous réfugions en nous-mêmes. Nous cherchons l'ombre. Nous ressentons, aux heures vraiment douloureuses, cette aspiration vers la solitude que Lamartine a appelée le *sentiment des âmes fortes*. Il y a, dans un drame de Schiller, une phrase bizarre qui m'a singulièrement frappé : « On ne pleure pas bien dans les villes. » Et, de fait, cette quintessence est une vérité. Au comédien, il faut la lamentation sonore, en plein soleil, devant la foule. Encore un coup, je n'accuse pas le cœur du comédien. J'ai dit que ce cœur-là battait le plus souvent à la bonne place. J'accuse cette profession étrange qui ferme à jamais la porte au naturel et transforme un homme, dans toutes les circonstances de la vie, en un sempiternel histrion.

Il convient d'avouer, néanmoins, que les journalistes qui s'occupent spécialement des choses de théâtre sont un peu les auteurs de ce singulier état psychologique. Ils passent leur temps à exalter comme à plaisir ces vanités souffreteuses, ces natures pleines de montre, ces nerfs à fleur de peau. Ils font de ces gens de théâtre des êtres exceptionnels. Nous ne nous les représentons pas bien — grâce aux hyperboles des courriéristes de théâtre — s'agitant dans un milieu normal. Je ne vois pas, moi qui cache sous les dehors d'un homme de plaisir l'âme d'un plumassier, M$^{me}$ Judic balayant son salon ou passant ses fenêtres au tripoli. Je n'imagine pas la famille Luguet, une grande famille dramatique, penchée sous la lampe fidèle, jouant au loto, se délectant aux traditionnelles plaisanteries: 22, *les deux cocottes*; 69, *bout-ci, bout-là*; 11, *Sarah Bernhardt et son parapluie*, et le reste — goûtant, en un mot, les humbles et niaises jouissances des bourgeois bourgeoisant. Non, Lorenzo ne doit pas quitter sa dague; dona Lucrezia ne doit pas quitter sa coiffure à pointe haute; Zaphari ne doit pas quitter ses guenilles. Point de vie réelle pour eux. Nous le croyons, du moins ; nous le leur faisons croire : ils ne demandent pas mieux que de le croire eux-mêmes.

Si un comédien voit mourir un être aimé, il se sent au cœur une souffrance vive, à coup sûr. Il n'a pas le droit, le pauvre diable, de gémir en silence. Les reporters de théâtre sont là, qui mènent grand bruit autour de ce deuil. Le *tout-Paris* liseur apprend le matin, en faisant sauter la bande de son journal, que Florival ou Floridor a perdu sa mère. Il apprend en même temps que, désireux de ne pas porter un coup peut-être mortel à la vogue de la pièce lancée, Florival ou Floridor jouera le soir même. C'est un régal de haut goût que d'aller voir se démener sur la scène ce malheureux homme dans la demeure duquel, sur un lit blanc, est étendue une vieille femme aux traits rigides. Un cierge mélancolique brûle làbas, tandis que le comédien chante ici. Quel piment pour cette foule blasée ! Lui, dont le cœur est affreusement poigné, ne peut se défendre de je ne sais quelle jouissance d'amour-propre, au contact de la sympathie ardente et fugitive des spectateurs. Il perd la sainte pudeur des larmes. Malgré lui, il *joue* la douleur sous son fard : moitié sincère, moitié cabotin. Pas vrai ?

Je n'ai jamais compris que, dans les engagements des comédiens, il n'y eût pas cette clause spéciale : « Si X... est affligé d'un deuil de famille, il pourra refuser service durant quinze jours consécutifs, sans préjudice de ses appointements, qui continueront à courir. » Durant ces quinze jours-là, le bruit qui se fait autour des moindres détails de ces existences en dehors irait s'éteignant peu à peu. Le comédien pourrait remonter sur les planches sans être exposé à l'indiscrète commisération de tous les fauteuils d'orchestre, au fond indifférents. Hélas ! faut-il que j'aille au bout de ma pensée ? Ils sont à ce point entraînés par la vie fausse, ces gens à paillettes, qu'ils regretteraient peut-être de n'avoir pas, pour témoin accidentel de leur douleur, ce public témoin habitué de leur succès ! Non, Daudet n'a rien inventé. Delobelle est vrai, bien vrai, absolument vrai.

Donc, qu'ils aillent ! Un artiste apprend la mort d'un père bien-aimé. Il annonce cette mort à son dirceteur par une lettre rendue publique. Le directeur répond, par une lettre également rendue publique, qu'il compatit au deuil de son pensionnaire. Le lecteur est anxieux : Z... jouera-t-il ou ne jouera-t-il pas ce soir ? Il jouera, de par Dieu ! N'aie garde d'en douter, ô bon et naïf lecteur ! Il y aura pour le directeur une bonne recette ; il y aura pour Z... une âpre, romanesque et malsaine volupté. On se murmurera à l'oreille la phrase légendaire : « Pauvre garçon ! comme il doit souffrir ! » Et le succès sera d'autant plus vif. Les dames, si facilement éprises des émotions fausses, déchireront leurs gants. Du drame : quelle bonne aubaine ! Tout ira bien. Alors, pourquoi manquer de franchise ? Si j'étais directeur, je ferais insérer au haut de l'affiche une mention de ce genre :

« Ce soir, trentième représentation de *l'Armurier de Séville*. M. Florival, qui remplit le rôle de l'armurier, ayant vu mourir sa femme ce matin, jouera *au naturel* la scène du troisième acte, où la femme de l'armurier expire dans d'atroces douleurs. »

Ou bien :

« Ce soir, dix-huitième représentation de *Pour-*

*quoi que tu t'grattes l'nez?* revue en onze tableaux. Les spectatrices nerveuses sont prévenues que notre inimitable Floridor, qui a perdu sa mère hier soir, cherchera à être plus bouffon que jamais, dans la scène si plaisante du sixième tableau, et, à dix heures pour le quart, *cachera des larmes sous son sourire.* »

Allons! tout cela est stupide!

# INAMOVIBLES, AMOVIBLES ET ASSERMENTÉS

Je ne sais ce que fera M. Cazot. Il est, dit-on, animé des meilleures et des plus libérales intentions du monde. C'est un peu le cas de l'enfer, qui, ainsi que chacun le sait, est pavé d'intentions excellentes. Chaque fois qu'un nouveau ministère surgit d'une crise, on se laisse aller à l'espérance. Il n'est personne qui ne soit prêt à faire crédit de deux ou trois mois d'attente aux hommes qui viennent de prendre le pouvoir. Mais si, au bout de deux ou trois mois, aucune des questions vives n'a été sinon résolue encore, du moins touchée dans un sens très net, les plus bonifaces citoyens commencent à montrer les dents et à japper aux jambes des ministres.

La session qui s'ouvre sera d'une importance capitale, en ce sens qu'elle va préparer les élections de 1881. Les élections de 1881, qu'on en soit sûr, dissiperont toutes les équivoques. C'est donc au ministère actuel à manœuvrer de telle sorte que ces élections soient une immense, définitive et presque unanime adhésion du pays aux institutions républicaines. Or, voilà déjà que M. de

Freycinet nous donne une première déception. Les journaux de ton très modéré eux-mêmes sont surpris et marquent leur surprise. Nous comptions sur un programme ministériel très précis et très carré. Il nous faut nous contenter de « déclarations » dont, en fin de compte, le vague apparaît toujours aux moins clairvoyants.

Un programme ministériel, sans les ambages d'habitude, eût bien mieux fait notre affaire. Nous aurions su enfin si nous allions sortir du système d'hésitations et de timidités où a sombré le cabinet Waddington. Attendons néanmoins l'ouvrier à son œuvre. La charge qui incombe aux nouveaux ministres est lourde. A mon sens, c'est M. Cazot qui a endossé la plus grosse responsabilité. Il va se heurter, plus encore que M. le général Farre, aux usages invétérés, aux préjugés ayant force de loi et au mauvais vouloir des bureaux. Il va marcher par les flammes, pour me servir du style de l'Écriture. Je lui souhaite bien du plaisir.

Mon honorable confrère, M. Boysset, a examiné sous la plupart de ses faces, dans les colonnes mêmes de ce journal, la question sans cesse pendante de la magistrature. Il a constaté, avec d'indéniables preuves à l'appui, que, malgré les réclamations qui se sont élevées de toutes parts depuis près de dix années, rien n'avait été fait encore. Nous marchons quand même dans l'ornière. Il n'est pas une crevasse qui ne nous soit signalée de longue date. Or, il semble que nous nous fassions un devoir de la laisser ouverte et béante. Que répondriez-vous à un homme qui vous dirait : « Il est hors de doute que ces choses sont déplorables, mais, comme ces choses sont déplorables depuis longtemps, il convient qu'elles le soient toujours. » Vous vous hâteriez, n'est-ce pas ? de solliciter pour cet étrange discoureur une admission d'urgence dans une maison d'aliénés.

M. Boysset s'est particulièrement attaché aux flancs de la magistrature inamovible. Il l'a harcelée de ces flèches empoisonnées et restant dans la plaie, dont parle Lucain. Je crois qu'il a fini par convaincre quelques gens. Et soyez persuadés que la tâche n'était pas commode. Jusqu'à ce jour, quand un audacieux s'avisait de battre en brèche l'inamovibilité de la magistrature, il se trouvait à poste fixe dans l'auditoire un gaillard solennel, à tête en poire et à lèvre rasée, qui foudroyait l'audacieux par le souvenir de Royer-Collard. Vous connaissez la scène. Le magistrat hésite et s'adresse au pays. « Eh quoi ! je suis appelé à juger les autres, c'est-à-dire à remplir la plus redoutable mission qu'il y ait sous le ciel, et vous ne me donnez point de garanties. Mais, hélas ! je suis un être créé et, partant, faible. Que devenir avec une éternelle menace de destitution suspendue sur ma tête ? Puis-je répondre de la plénitude de ma liberté ? » Alors le pays, se levant, lui répond : « Calme-toi, ô juge, et redeviens maître de ta conscience. Tu es inamovible ! » Généralement, cette majestueuse niaiserie fermait la bouche aux plus véhéments adversaires de l'inamovibilité.

M. Boysset, qui ne me paraît guère se payer de sentences sonores, a poursuivi la lutte. Il a démontré les effroyables inconvénients d'un semblable état de choses. Il a désigné du doigt les innombrables sous-Delesvaux qui siègent encore dans nos prétoires. Il a fait tant et si bien que la Chambre lui a à peu près donné gain de cause. C'est à M. Cazot de parfaire l'œuvre entreprise. On dirait, en vérité, que si l'inamovibilité de la magistrature était brisée comme verre, c'en serait fait pour toujours de la France. Eh ! mon Dieu, voyez notre magistrature coloniale. A la Réunion, à la Martinique, à la Guadeloupe, en Algérie, partout enfin les magistrats assis sont amovibles. La justice en est-elle plus mal rendue ?

Les amovibles doivent aussi solliciter de façon particulière l'attention de M. le garde des sceaux. Je me souviens que, jadis, Sarcey rompit des lances contre les membres du parquet. Sarcey avait assisté à je ne sais quel gros procès criminel et avait été littéralement stupéfait de l'insuffisance du ministère public. C'était pourtant M. l'avocat général Fourchy qui prononçait le réquisitoire. Sarcey prit à partie l'avocat général et lui fit mesurer le sol. En conscience, c'était là enfoncer une porte ouverte. M. Fourchy est, cependant, de beaucoup le premier parmi les membres du parquet. Ce sont les autres qu'il faut entendre !

Je conseillerai à mes confrères, qui n'ignorent pas l'horreur qu'ils inspirent à ces hommes rouges, d'aller de temps à autre au Palais de Justice, et je leur garantis que « les éloquents organes de la vindicte publique » leur feront passer plus d'une bonne après-midi. Non, cela est d'un gris et d'un plat dont on n'a pas d'idée. Sans compter que ces gens, appelés à fouiller les plus secrets mystères du cœur humain, ont une ignorance absolue de la vie. J'en ai entendu un, dans une terrible affaire, débiter d'un petit air satisfait cette phrase monumentale : « Ce jeune homme prétendait aimer cette femme. C'était là son excuse. Eh bien ! je vais vous prouver qu'il ne la pouvait pas aimer, attendu qu'il ne l'estimait point ! » O Prudhomme ! O Monnier ! Et penser qu'ils sont tous taillés sur ce patron-là !

Un stagiaire bien doué reste dans les rangs du barreau. A de rares exceptions près, le parquet ne reçoit que les impuissants, amoureux de la cravate blanche, avides de la considération des « honnêtes gens », désireux d'épouser la fille d'un marchand de toile enrichi, lequel marchand de toile veut pouvoir dire, au *Cercle de l'industrie* : « Mon gendre...celui qui est magistrat... » Ce sont, d'ordinaire, ces neutres, ces fruits secs qui forment la première couche de la magistrature debout. Il se peut que, ensuite, le talent vienne par surcroît à ces jeunes gens. C'est un phénomène rare.

Ce sont là des vérités tangibles. Je me rappelle les avoir dites crûment, ces vérités, dans un autre journal que celui-ci, et avoir valu du coup à mon rédacteur en chef un joli jeu de désabonnements. Ne croirait-on pas qu'on touche à l'arche sainte quand on touche à la magistrature ? L'infériorité de la magistrature debout est affligeante, nul ne saurait le contester. A quoi tient cette infériorité ? Est-ce au manque d'études spéciales ? Est-ce au mode de recrutement ? Point ne sais. La cause m'échappe, mais j'imagine que l'effet n'échappe à personne. Autant de points que je soumets à M. Cazot.

Des inamovibles et des amovibles, je passe aux assermentés. Par assermentés, j'entends les médecins assermentés. Les médecins assermentés sont des personnages d'une essence particulière. A en croire les magistrats, il ne peut sortir de la bouche des médecins assermentés que des perles et des rubis.

Toute parole d'un médecin assermenté, ce médecin assermenté fût-il un simple oison, doit être tenue pour parole d'évangile. Lorsque M. Bergeron, le M. Bergeron du procès Mertens, ce même M. Bergeron qui a dit : « Je *jure* (!) que Moreau a empoisonné sa femme avec du sulfate de cuivre, » a exposé son opinion, il n'y a plus à y revenir. C'est comme si tous les notaires y avaient passé. Et il faut voir de quelle allure l'honorable président reçoit le médecin contradicteur qui s'ingère de tenir tête à l'avocat général Bergeron !

Voyons, lecteur, mon camarade, soyons donc de bonne foi et fions-nous en tout bêtement à notre gros bon sens. De quel droit les gens de justice imposent-ils aux jurés un monsieur muni de ses grades comme un être d'une absolue impeccabilité ? Le signataire de ces lignes a vu cette chose réellement extraordinaire : M. Tardieu déposait en assises. M. Tardieu avait des ardeurs de tortionnaire. Il s'agissait d'un infanticide. Je vois encore l'accusée : une fille grêle, hâve, aux dents gâtées, avec des yeux qui lui mangeaient la moitié de la figure, une de ces créatures qui, jusqu'à dix-huit ans, ont vécu de pommes de terre frites et de saucisson. Tardieu parla. Il avait étudié le cadavre. Le crime était indiscutable. Des ecchymoses, des marques de strangulation, toutes les herbes de la Saint-Jean, quoi !

A un moment donné, la fille se dressa d'un coup. Cette face pâle eut un flot de sang. Son avocat—Mᵉ Périn—la força à se rasseoir. Tardieu continua et, son speech terminé, s'en alla très content de lui-même. Périn se leva et dit ces simple mots : « M. Tardieu vient d'émouvoir le jury. M. Tardieu a la confiance de la cour et la mérite ; mais M. Tardieu s'est trompé. Ma cliente est accouchée d'une fille. Or M. Tardieu vient de nous parler d'un enfant du sexe masculin. » Tout le monde bondit. La chose était vraie, pourtant. On s'était trompé de cadavre. Tardieu *avait travaillé* sur un petit cadavre du sexe masculin et, entraîné par les habitudes de l'accusation, avait conclu à un infanticide. Dois-je ajouter que la malheureuse fut acquittée et que le président ordonna d'assez mauvaise grâce qu'elle fût mise en liberté, si elle n'était retenue pour autre cause ? Je n'invente pas cette anecdote. M. Léon Renault, qui était mon grand ancien, se trouvait à côté de moi. A la rigueur, j'en appellerais à lui. C'était la première fois que je mettais ma robe, et, comme il s'agissait d'un huis-clos, je l'avais mise en hâte, cette robe ardemment convoitée. J'emportai de cette audience une fière idée de la justice humaine !

Un fait de cette nature a-t-il besoin de commentaires ? Et croyez-vous à l'utilité de quelques réformes, ô les satisfaits de ce temps ? L'inamovibilité, l'insuffisance des magistrats amovibles et une révolution à opérer dans la médecine légale : voilà les trois nœuds gordiens qu'est appelé à trancher M. Cazot. Ce n'est pas mince besogne, je le sais. Peut-être, encore un coup, va-t-il se heurter à des difficultés sans nombre. Quoi qu'il en soit, que M. Cazot ait du moins le mérite de tenter quelque chose !

## UNE PROFANATION

La chose se raconte entre haut et bas, parmi les hommes et les femmes du demi-monde. Le bruit m'en est venu par un écho. Un Indien Siou, un de ces cannibales qui se font un malin plaisir de hacher leurs ennemis comme une julienne, refuserait de croire à une aussi monstrueuse aventure. Je ne serais pas surpris une minute que les boulevardiers élégants, gens de race latine extraordinairement civilisés, trouvassent que rien n'est plus naturel. Notre sens moral est à ce point oblitéré que les infamies criantes nous laissent indifférents. Il y a longtemps que nous avons accoutumé de toucher l'horrible sans l'ombre du dégoût et avec des gants gris-perle !

Si je ne me trompe, c'est au préfet de police que la demande d'exhumation a dû être adressée. Formulée par la mère, cette demande est de tous points correcte. Je ne vois pas trop quel scrupule de jurisprudence pourrait surgir à la dernière heure et s'opposer à la profanation méditée. Sous peu, quelques fossoyeurs autorisés descelleront le cercueil où la charmante jeune femme que nous avons connue dort son sommeil sans fin. Semblable aux Stryges des fables levantines, la mère se ruera sur le cadavre, fera main basse sur les diamants et les bijoux, et, ce pieux devoir accompli, s'en ira guillerette chez le revendeur du coin.

Je ne vous présenterai pas cette mère, lecteur. C'est un profil vulgaire. Cette mère-là, vous l'avez heurtée maintes fois dans l'allée puante d'une entrée d'artistes, devant le petit café du théâtre, derrière un portant. Elle appartient à cette race de vieilles femmes à nez crochu que le crayon de Garvarni a immortalisées. Lui, l'effroyable rieur, s'est contenté de railler ces affreuses créatures. Moi, je ne me sens pas le courage de cette gaieté noire, à la façon anglaise *black jock*. J'avoue que la mère dont je parle me fait froid. Elle a vécu de sa fille. Aujourd'hui, voilà qu'elle viole sa tombe.

Je tairai les noms, et pour plus d'une cause. Il me suffira que bon nombre de gens me lisent entre les lignes. La jeune femme qui n'est plus était belle d'une beauté singulière. Il n'était guère facile de l'oublier, une fois qu'on l'avait vue. Les yeux, aux paupières légèrement bridées, étaient noirs et mêlés de veines comme une pierre de Florence. Les dents, jetées à la diable dans une bouche un peu grande, éclataient de blancheur. Le nez, fin, droit, mobile, révélait la passion. Jamais un coiffeur n'avait tordu ces cheveux bleuâtres, frisés à la racine — des cheveux de sauvagesse. Le visage affectait cet ovale gracieux, mais un peu trop allongé, propre aux filles de Smyrne. Elle était de taille svelte, sans maigreur. Emile Deschamps, le grand oublié, eût dit d'elle qu'elle se balançait « ainsi qu'un palmier ». En somme, je ne sais quoi de *Zingara*.

Le premier jour où, inconnue des vieilles drôlesses qui font la loi autour du lac, elle parut, étendue dans sa victoria, ce fut une émotion d'enfer. Le « tout-Paris » eut un soubresaut. On discuta son origine. La *grande bande*, un centre d'informations, déclara qu'elle était Algérienne. Une bande rivale (autel contre autel) affirma qu'elle avait vu le jour dans un village des environs de Prague. Je crois bien, moi, que cette bohémienne était née rue de la Harpe.

On ignorait que, au bout du compte, elle arrivait en droite ligne du pays où le hasard sème la graine de courtisanes, le pays latin. Elle avait un peu vécu de la vie de Musette et de Mimi, la pauvre créature, tout étonnée de son satin flambant neuf, de ses bracelets luisants et de son cocher herculéen. Le meilleur de sa première vie s'était passé chez Petieau et au café Racine. Qui sait si, quand elle laissait errer à l'aventure son regard profond et un peu dédaigneux, elle ne songeait pas à « l'ordinaire » et au « mazagran avec cognac » des jours envolés ? Il fallait maintenant aller écorcher un granit au Glacier Napolitain, en compagnie de jolis messieurs à chevelure irréprochable et à monocle inamovible, qui, après avoir dit : « Mais il n'y a pas pour cent louis de femmes ici ! », se renfermaient prudemment dans un mutisme absolu. Ah ! la *povera !* Où la cigarette et le bock d'antan ? où la causerie à fusées folles ? où le bon, frais et jeune éclat de rire ?

Un gros homme blond, un peu Belge, un peu comte, dont la tête en poire rappelait assez la lithographie du roi-citoyen, s'était rencontré sur le passage de cette gracieuse femme, au bal Bullier ou ailleurs. Il avait causé avec elle. Certes, jamais cette enfant, affolée de « cavalier seul », n'avait ouï un langage pareil. Les paroles de ce noble étranger avaient comme des résonnances métalliques. Ce n'étaient pas les crapauds des contes de fées, mais bien de beaux louis d'or qui semblaient sortir de la bouche de ce Belge. Quelle est la fille d'Eve qui n'eût succombé ? Elle succomba. Tout d'abord, elle jeta bas son vrai nom, ainsi qu'on jette bas une vieille robe. Elle s'affubla d'un pseudonyme sonore. Où diable avait-elle déniché ce pseudonyme ? Tout me porte à croire qu'un de ses amants de là-bas, étudiant de première année, lui avait parlé un jour d'une courtisane très à la mode *dans les temps* qui, ignorante du réchaud de charbon aujourd'hui passé dans nos mœurs, avait demandé à un aspic la charité de la mort. Elle s'appela Cléopâtre.

Ce fut alors l'existence jetée aux quatre vents. Le plaisir sans trêve. Du fond de cette bruyante solitude, la malheureuse fille aspirait à quelque chose de haut. En dépit de l'abominable compagnonne qui venait quotidiennement la relancer au gîte — la mère — elle résolut de rompre avec la vie de courtisane. Le théâtre lui apparut comme un port de refuge.

Il ne manque pas de professeurs pour les belles demoiselles qui ont des velléités de rédemption. Je sais un vieux ventriloque — lequel a, ma foi, interprété Molière — qui se fait un joli revenu avec les fantaisies artistiques de ces dames. Elle prit très sérieusement des leçons. D'une intelligence troublée, sachant peu se plier aux traditions classiques, elle eût été sans doute une *comédienne* ridicule; mais elle avait assez de « tempérament » pour être une actrice hors ligne. On la présenta à Dumas. Dumas fut frappé de ces allures de diablesse. Précisément Desclée, la grande Desclée, la plus merveilleuse artiste qu'aient pu voir les gens de ma génération, venait de mourir. Le rôle de la *Princesse Georges* était vacant. La protégée de Dumas s'essaya dans ce rôle, fait de nuances fines, et ne réussit guère. Elle rebondit vaillamment, en paquet de nerfs qu'elle était, et tenta la *Dame aux Camélias*. La soirée fut étrange. Rien n'était rigoureusement juste et tout portait net. Un je ne sais quoi de « convenu » en plus, et l'échappée de la Closerie-des-Lilas eût été proclamée *étoile* séance tenante.

Ce n'était point, en tout cas, la première venue. La critique dut compter avec elle. Elle était âpre, rugissante et marchait des épaules, la nouvelle Marguerite Gautier. La Marguerite « relevée par l'amour » avait un peu trop l'air de sortir d'un cabaret de nuit. Mais quoi! il fallait se rendre à l'évidence. Il y avait dans cette déclassée le *divinior ignis*. Or, par l'époque de petites perruches bien-disantes où nous sommes, le *divinior ignis* n'est pas chose commune. Puis, hélas! la débutante jouait le rôle au naturel. Elle n'avait pas eu besoin d'apprendre la toux au Conservatoire : elle toussait vraiment et de manière déchirante ; elle n'avait pas pioché les larmes : elle pleurait pour de bon. Cette acclamée d'un soir était une moribonde.

Elle joua le rôle jusqu'au bout — à la ville. Il advint, par le plus pur des hasards, qu'il restait un lambeau de cœur dans cette poitrine brûlée par la phtisie. Elle aima. Elle aima, comme aiment ces malheureuses, avec une sorte de fureur. J'ajouterai qu'il n'y avait point de Des Grieux ni d'Armand Duval sous roche : personnages malpropres auxquels Dumas a dû se résigner plus tard à appliquer le prénom d'Alphonse. Elle tomba sur un jeune gentilhomme plein de générosité et de droiture. Cependant, la Camarde avait entre-bâillé la porte et étendait sa griffe.

Ce fut l'agonie du cinquième acte. Le brave garçon, qui s'agenouillait au pied du lit, avait si consciencieusement épuisé ses dernières ressources, que l'infortunée femme crut mourir en plein luxe. Elle se sentit prise, à cette heure solennelle, d'un accès de coquetterie. Elle voulut se faire belle pour l'éternité, et, même après que le docteur eut approché de ses lèvres le fatal miroir qu'elle macula encore d'une buée légère, elle retrouva un restant de forces pour exiger, avec les hoquets du râle, qu'on l'ensevelît avec ses dentelles et ses diamants. Elle ne songeait point à sa sainte mère, la pauvre âme ! Ce trépas de courtisane est un trépas bien psychologique.

Elle expira là-bas, au pays où les citronniers fleurissent, sous un rayon de soleil. A la différence des autres phtisiques, elle se vit mourir. Elle eut cependant une minute d'espoir. Il lui parut, un beau matin, que l'air circulait plus librement dans ses poumons flétris. Elle se reprit à croire à la guérison, et se raccrocha à la vie avec une énergie féroce. On entretint, du mieux qu'il fut possible, cette affreuse illusion. On lui parla d'un gros mélodrame, qui allait être joué à l'Ambigu et où un rôle l'attendait. Elle fit venir le manuscrit, étudia le rôle et le répéta comme une hallucinée. Après des efforts inouïs, elle retombait sur sa chaise longue, les yeux étincelants, la gorge sifflante, les pommettes rougies, toute inondée de cette sueur mauvaise à laquelle ne se trompent pas les médecins.

Lui n'avait point assisté à ses pénibles débuts dans « la vie de plaisir ». Il l'avait vue pour la première fois sur la scène, élégante, applaudie et toute fière. Ç'avait été le *coup de foudre*. Heureux les jeunes, capables de recevoir des chocs électriques de ce genre, dont sourient les fatigués ! Il faut bien croire que Stendhal n'a point menti, et que, en amour, tout n'est pas le résultat d'une *cristallisation*. Quoi qu'il en soit, le jeune homme sortit ce soir-là du théâtre, atteint jusque dans les replis les plus intimes de lui-même de cette maladie bizarre qu'a si délicatement peinte le pauvre Murger, maladie subtile, aiguë — quelque chose comme un grand mal de dents qui vous prendrait au cœur.

Il assista la malheureuse jusqu'à la dernière seconde. Il souffrit profondément, dignement, presque avec bon goût, si je puis ainsi parler. Il ne fit pas de grands gestes, ne poussa pas de grands cris et ne porta point sa douleur en écharpe. Respectueux des dernières volontés qu'il avait recueillies, il coucha la blanche morte sur un lit de dentelles, couverte de ses diamants et parée comme pour une fête.

Il semblerait que tout dût être fini là. Non. La vie a des épilogues inattendus. La vieille à cabas a surgi tout d'un coup, un code à la main. Elle est l'héritière de sa fille et n'entend pas que je ne sais quelle fantaisie de moribonde lui enlève « ses petits bénéfices » posthumes. Elle a couru chez des gens d'affaires, a fourré son vieux museau dans des vieux bouquins, et est allée raconter son cas au préfet de police. Ce cadavre est sien. Il va être procédé à ce que les hommes noirs appellent, dans leur jargon baroque, *une exhumation licite*. Il n'y a rien à dire. Les textes sont là. La famille, messieurs !

« Ecoutez donc, objectera benoîtement un honnête homme retiré des affaires, écoutez donc ; chacun pour soi. Elle n'a peut-être pas le sou, cette mère qui vous paraît un monstre. Se faire enterrer en costume de bal, c'est bête à couper au couteau ! Elle était fêlée, votre demoiselle ! Ces diamants-là doivent représenter une grosse somme qui sera perdue pour tout le monde, même pour les vers du tombeau. Je suis pratique, moi, et je vous avoue que je comprends très bien les agissements de la mère. D'ailleurs, vous ne le nierez pas, elle se conforme à la loi. Or, quand on se conforme à la loi... » Pour un rien, l'honnête homme retiré des affaires insinuerait que la pauvre trépassée a volé la vieille !

Je ne sais si je m'*emballe* à tort. A dire vrai, j'en serais un peu surpris, ayant horreur des poésies fausses et des sensibleries de commande. J'ajouterai que ce simple mot : *mère*, m'impose singulièrement. J'estime que c'est là le mot le plus doux qui puisse s'échapper des lèvres humaines. Mais enfin la dernière volonté des mourants doit être respectée, j'imagine! Je ne suis même pas bien sûr que cette vieille violeuse de sépulcre soit aussi fondée en droit que je l'entends dire. En tout cas, quelle profanation ignoble! La mère, puisqu'il lui faut donner ce nom, se penchant sur cette tombe, palpant ce corps décomposé, arrachant les diamants de ces oreilles bleuies et de ces doigts de squelette! Pouah! c'est à vomir!

## L'EXPÉRIMENTALISME

C'est une affaire entendue. L'expérimentalisme est la littérature du jour. Le naturalisme, désormais rococo et à l'usage des seuls Philistins, a vécu. Nous sommes loin, il faut en convenir, du temps où nos aînés trouvaient que M. Champfleury reculait, dans *Chien-Caillou* et dans *les Aventures de Mademoiselle Mariette*, les bornes de la hardiesse permise. Le réalisme a été jeté bas par le naturalisme, qui à son tour cède le pas à l'expérimentalisme. C'est M. Zola lui-même, le grand-pontife de la chose, qui a pris la peine de nous exposer son programme ces jours-ci. Je ne renverrai pas mes lecteurs à cette interminable et nuageuse tartine où l'auteur de *Thérèse Raquin*, tout emberlificoté dans son système en *isme*, semble avoir perdu pour un instant les qualités de style qui lui sont propres.

Il m'a paru que c'était là un petit morceau de galimatias double. A coup sûr, M. Zola a une idée. J'ai cru la démêler vaguement, à quelques phrases « incises » un peu moins supercoquentieuses que le reste. M. Zola mêle à son argumentation sans fin l'immense nom de Claude Bernard. J'estime que le grand physiologiste, s'il était encore de ce monde, éprouverait comme une surprise à voir son système expérimental introduit dans des questions littéraires. Il était lui-même venu de son « endroit », si je ne m'abuse, avec une tragédie en poche. Apparemment, il n'avait pas déjà appliqué à cette œuvre le mode d'expérimentation qu'il devait appliquer plus tard, pour sa gloire immortelle, à l'étude du « grand sympathique ». Au surplus, il m'a semblé simplement que M. Zola, qui au fond n'a rien inventé, entendait remplacer la littérature, tout comme Wagner a remplacé la mélodie, par des formules d'algèbre.

La conclusion de ce programme est un chef-d'œuvre d'obscurité. Il y a là des périodes que je conseille sincèrement à M. Zola de relire. Comme, après tout, M. Zola est un styliste distingué, bien qu'un peu trop laborieux, il comprendra que l'amour de la « formule » l'a entraîné plus loin que de raison. Il est parlé, en cette conclusion véritablement singulière, de la besogne des romanciers actuels, laquelle besogne « naît du doute où ils se placent en face des vérités mal connues, des phénomènes inexpliqués, jusqu'à ce qu'une idée expérimentale éveille brusquement un jour leur génie et les pousse à instituer une expérience (?) pour analyser les faits et s'en rendre les maîtres ». En vérité, cela est purement du chinois. « Quand les lecteurs ne comprennent pas ce que vous avez écrit, quand vous-même ne comprenez plus ce que vous écrivez, c'est de la métaphysique ! » s'écriait, ou à peu près, ce singe de Voltaire, qui connaissait si bien l'amour des Français pour les spéculations soi-disant impénétrables. Peut-être M. Zola nous imagine-t-il un peu plus sots que nous le sommes en réalité. Quelle cacophonie de mots ! Balzac, qui n'y mettait point de malice, faisait tout bêtement des chefs-d'œuvre et s'abstenait de programme. Ne serait-il donc pas possible d'avoir du talent, et beaucoup de talent, sans tintamarre, sans cocarde, sans drapeau, avec un zeste de simplicité ?

M. Zola publie un nouveau roman. Cela est intitulé *Nana*. Un de nos spirituels confrères de la presse parisienne, M. Albert Wolff, a jugé convenable de nous exposer le sujet de ce roman, où nous étions appelés à de mirifiques révélations. Je sais mon confrère de tournure d'esprit assez maligne pour le soupçonner d'avoir intentionnellement jeté un pavé énorme sur la tête du pauvre M. Zola. Non, jamais, s'il faut s'en rapporter à l'avant-goût que nous donne M. Wolff, jamais affabulation plus vulgaire, plus rebattue, à ficelles plus usées, n'aura germé dans le cerveau d'un écrivain. Aussi bien, et pour la commodité des lecteurs de ce journal, je vais résumer en quelques lignes le plan de ce roman destiné à révolutionner le monde littéraire.

M$^{lle}$ Nana, sortie de l'arrière-boutique de la blanchisseuse Gervaise, est une assez belle fille qui roule de cabarets en bastringues. Elle est tournée d'une certaine sorte, cette faubourienne : si bien que, par je ne sais quel hasard, un directeur de théâtre, désireux d'établir de sérieuses recettes sur les mollets et les épaules de ses pensionnaires, l'engage un beau matin. Le soir même, sur le cri du régisseur : « Toutes les *artistes* au salon ! » elle paraît en scène, en pleine lumière crue de la rampe, à demi-nue, maquillée comme un pierrot, entourée de quelques-unes de ses concitoyennes. Son œil, soigneusement passé au kohl, fouille les avant-scènes et allume un incendie dans le cœur d'un riche oisif. De là le commencement de la haute vie. Vous voyez d'ici comme ce début est neuf.

Cependant, M$^{lle}$ Nana mène l'existence fiévreuse de ses pareilles. Elle a un hôtel, des cameristes, des valets, des équipages, des cochers colossaux et irréprochables. Elle dévalise une génération de gommeux et fait songer à la fameuse légende de Gavarni. « Dieu garde vos fils de mes filles, mon bon monsieur ! » dit une vieille mendiante, affreuse compagnonne, reconnaissante d'un petit sou donné. M$^{lle}$ Nana passe en vengeresse. Sortie du ruisseau, elle donne, au nom des déshéritées, l'assaut aux hautes classes — à sa manière, s'entend. M. Arsène Houssaye nous a depuis longtemps conté, et fort bien conté, ces choses.

Entre temps, et c'est là où l'original commence, Nana s'éprend d'un jeune homme et va, dans un trou de campagne, loin du Café Anglais et de la Maison-d'Or, « cacher son bonheur », sans musique de Donizetti. Surgit tout à coup un militaire vertueux, échappé du répertoire de Bayard et Mélesville, qui veut arracher le jeune premier rôle à son indigne amour. Tiberge (car je reconnais bien là le Tiberge de cette *Suite de Manon Lescaut*, œuvre assez oubliée, où l'auteur anonyme suppose que Manon a échappé à la mort par miracle et rend follement épris le grave séminariste) Tiberge, dis-je, va trouver M$^{lle}$ Nana, emprunte la pratique du père Duval, lâche un discours en quatre points et, finalement, tombe aux pieds de la donzelle, qui ne se montre pas sévère. Là-dessus, l'autre se tue net — à la fin d'un feuilleton, sans doute.

Cependant, l'original s'accentue. Un jour, M$^{lle}$ Nana, lasse de soie, de velours et d'écrevisses bordelaises, a des nostalgies de choucroute garnie et de saladier de vin chaud. Elle a une *toquade* pour un cabotin. Je suis très persuadé, lecteur ami, que c'est la première fois que vous voyez, soit dans le roman, soit au théâtre, ce cabotin typique — ténor à bottes molles, baryton mélancolique, clown exhilarant ou montreur de bêtes féroces — qui a la spécialité d'inspirer de vives passions aux courtisanes ennuyées, et aux petites bourgeoises niaises et pourries de mauvaises lectures. Un matin que Nana a reçu de son cabotin une râclée plus forte que de coutume, elle se reprend à aimer la vie élégante, *fait* un haut personnage et se retrouve, comme par un coup de baguette, en plein luxe. Ou cet épisode est tout à fait inattendu, ou je me trompe fort.

Pour comble d'original, M$^{lle}$ Nana meurt d'une mort dramatique et touchante. Ne croyez pas qu'elle se débatte dans les couvulsions de la phthisie, comme cette douce Marguerite Gautier, de Dumas. Ce serait étrangement méconnaître l'expérimentalisme de M. Zola. Dans le tas, un passant a fait un bébé à l'héroïne de ce roman. L'enfant a la petite vérole. M$^{lle}$ Nana soigne son enfant. Personne n'a oublié, dans le monde des artistes, la grande fin de cette admirable et honnête comédienne qui veilla sans relâche son fils atteint du croup, le sauva et mourut de son mal. A chaque instant, et c'est là l'éternel honneur des mères, on peut lire de ces dévouements surhumains à la rubrique des « informations ». Donc M$^{lle}$ Nana expire pauvre, abandonnée, rachetée par le sacrifice maternel. La rédemption, quoi donc ! J'espère, Parisiens sceptiques, que vous ne vous attendiez guère à un dénouement aussi *trouvé*. Il faut avouer que M. Zola ne s'est guère mis en frais d'imagination.

Telle est, en résumé, l'analyse donnée par notre confrère, en façon de préambule, du roman de M. Zola. Je ne cacherai pas que je suis resté quelque peu ébaubi. Eh quoi ! ce serait là cette tant fameuse Nana ? Mais l'abbé Prévost et Dumas, qui ne se sont jamais proclamés ni réalistes, ni naturalistes, ni expérimentalistes, ont traité la matière, et de telle sorte qu'il est hasardeux d'y revenir. Le roman de la courtisane, avec les épisodes rancis que je viens de tracer, a traîné, depuis Dumas fils, au rez-de-chaussée de tous les journaux. Il n'est pas une feuille à un sou qui n'ait régalé ses lecteurs de ce sujet-là. Si même ma mémoire ne me trahit point, je l'ai trouvé dans les œuvres complètes d'un bon auteur, M. Emile Richebourg.

Vous me direz, à juste titre sans doute, que M. Zola saura introduire dans son roman des détails psychologiques qui feront de son œuvre une œuvre de premier ordre. Je le désire bien vivement. En effet, réduite aux proportions mesquines que j'ai esquissées, et assaisonnée seulement de quelques mots crapuleux, ainsi qu'il s'en trouve — paraît-il — dès le premier feuilleton, la *machine* de M. Zola serait de celles qu'il convient de « mettre aux cabinets ». Aussi a-t-on pris la précaution de nous avertir que M. Zola avait étudié mieux qu'homme du monde la société où il allait nous introduire. A parler franc, j'en doute un peu. J'ai la conviction formelle que non seulement les Fervacques et les sous-Fervacques, mais même le premier crevé venu en remontrerait là-dessus à l'inventeur de l'expérimentalisme.

M. Zola ignore les mœurs dont il va s'occuper. La raison de cette ignorance, tout à l'honneur de M. Zola, est que l'auteur de *Nana*, ainsi que l'ont proclamé à son de trompe les reporters, a toujours vécu et vit encore de la vie la plus bourgeoise qui se puisse rêver. On a même fait de cette très laborieuse et très estimable existence une peinture émouvante. M. Zola n'a d'autre affection que sa mère, sa femme et son chien. C'est à Medan, entre cour et jardin, que M. Zola a étudié les dessous de ce demi-monde ruolzé qui s'étend du boulevard des Italiens jusqu'à la porte du bois de Boulogne. Il faudrait donc admettre que M. Zola a reçu de la bonne fée, dès les premiers bégaiements du berceau, le don intuitif porté à la quinzième puissance. Prévoyant cette objection si simple, les disciples nous ont jeté dans les jambes une anecdote que, pour mon compte, j'ai jugée un peu bien bizarre.

A les en croire, M. Zola, jaloux de tout connaître, aurait un jour subrepticement pénétré dans l'appartement doré sur tranche d'une pauvre grande fille dont tout Paris, je ne dis point le tout-Paris conventionnel, a pu admirer les formes extraordinairement opulentes. Elle s'appelait

Blanche d'Antigny. Elle était bonne à faire l'aumône d'une nuit d'amour à un machiniste au front fatal, bête comme une tulipe et, par dessus le marché, aimant *son art* — bien complète. La compatissante M^lle d'Antigny faisait le tour du lac quand, grâce à des subterfuges dont le secret demeurera inconnu, M. Zola a pu visiter son somptueux hôtel. C'est là le fait d'un romancier consciencieux. Je me demande néanmoins ce que cette inspection rapide a pu révéler à M. Zola, relativement aux passions des courtisanes. Il a dû considérer d'un long regard le trou-madame et les bottines de la demoiselle. Puis, après? Certes, comme dit la chanson populaire, « on saurait bien des choses » |si le bon Dieu faisait parler les fleurs, les bottines et les trous-madame. L'inconvénient est qu'il ne les fait point parler.

J'ai été un admirateur de M. Zola. L'homme qui a écrit *Thérèse Raquin*, la *Conquête de Plassans* et cent pages de la *Faute de l'abbé Mouret*, est, à n'y pas contredire, un homme hors de pair. Je crains beaucoup qu'il ne s'embarque dans une fâcheuse aventure. Je n'ai pas lu une seule syllabe de *Nana*, estimant qu'une œuvre de cette nature ne peut avoir d'intérêt que sous forme de volume et d'un seul tenant. Toutefois, j'augure mal de cette tentative. Si, ainsi qu'on me l'affirme, la langue ordurière se joint déjà à l'indiscutable pauvreté de l'affabulation, nous allons avoir une réédition de l'*Assommoir*. Or, l'*Assommoir*, succès de curiosité qui a porté si haut la fortune de M. Zola, est de beaucoup inférieur à ses précédents ouvrages. Ce succès de curiosité n'a aujourd'hui aucune raison d'être. Les canailleries *voulues* de l'*Assommoir* n'auraient plus le don de nous surprendre. Il faut laisser ce style des porcheries à M. Huysmans et à ses petits camarades.

Ce que c'est que de nous, pourtant ! Voilà un écrivain d'une valeur indéniable, qui a eu des débuts rudes, douloureux, et qui, sorti héroïquement vainqueur de la lutte, se grise de définitions baroques, s'intitule chef d'école, crée je ne sais quelle esthétique répugnante, court, en un mot, au-devant du ridicule et de l'indifférence finale. Si, comme bon nombre de gens le redoutent, *Nana* n'est autre chose que l'*Assommoir* transporté dans une sphère d'apparence plus brillante, M. Zola aura été grandement coupable envers lui-même et envers le public. Les sceptiques et les blasés ne trouveront même plus de charme à cette littérature basse, et basse de parti délibéré, que des critiques ont déjà taxée de *charlatanisme*. Ils détourneront la tête, hausseront les épaules et, le dégoût leur montant au cœur, en reviendront aux pastorales du bon Nicolas Bouilly, aux romans de la Restauration, où apparaît généralement *le château de M. de Valcourt bâti sur le penchant d'une riante colline*, peut-être même —

juste retour des choses d'ici-bas, ô les expérimentalistes ! — aux éternels « sandwichs et aux éternels « révérends » des traductions anglaises !

## M. ZOLA

M. Zola me rappelle un peu Cyrano de Bergerac, moins l'esprit. Cyrano de Bergerac, sortant un soir du cabaret de Renard, envoya un cartel au genre humain tout entier, avec ordre d'être mort dans trois jours, sous peine d'avoir à faire à lui. M. Zola fait savoir *urbi et orbi* qu'il interdit formellement la critique de ses œuvres, particulièrement de celle qui est en cours de publication. MM. Huysmans, Hennique, Wast-Ricouard, les jeunes éliacins du naturalisme, sont agenouillés devant le maître, dont la calvitie est dissimulée par une auréole, et lui donnent de l'encensoir par le visage à le lui casser. Le reste de la gent plumitive doit garder un silence respectueux. Cette attitude de Jupiter retenant la foudre est, on ne le niera pas, d'un pur grotesque. Où le grotesque atteint son comble, c'est quand Jupiter lâche cette foudre, qui ressemble un peu au tonnerre de Calchas. — Je crois qu'il est absolument nécessaire d'être orgueilleux. L'orgueil est l'aliment et la force d'une vie. Mais il y a, dans le cas réellement fâcheux de M. Zola, une intoxication de vanité qui eût dérouté Claude Bernard lui-même. La moindre critique le met hors de lui. Il est à ce point aveuglé par la fureur qu'il perd toute retenue et j'oserai dire toute bienséance. Il traite le monde des journalistes, duquel il est, avec une inconcevable hauteur. C'est le naturalisme transporté dans les relations littéraires. Il me paraît que M. Zola s'est trop longtemps frotté à Mes-Bottes et à Bibi-la-Grillade. Il convient donc de répondre aussi courtoisement que possible.

Notre confrère, M. Albert Wolff, ayant dévoilé l'affabulation de *Nana*, cette affabulation nous sembla si pauvre, si usée, si remplie d'épisodes connus depuis des siècles, que nous fûmes littéralement stupéfaits. C'était bien la peine d'entasser programme sur programme et de faire tapage de l' « expérimentalisme » pour rééditer simplement une œuvre de jeunesse, bien charmante d'ailleurs, de M. Alexandre Dumas fils ! Là-dessus, grande colère du pontife. Il répond. « *Un autre* (votre serviteur, s'il vous plaît) a fait la prodigieuse découverte que Balzac s'était contenté d'écrire des chefs-d'œuvre, sans jamais lancer de programme. *Celui-là* n'a pas lu la préface de la « Comédie humaine » où Balzac prend le titre de docteur ès sciences sociales, et dans laquelle il donne une théorie complète du roman. En outre, il paraît ignorer que Balzac a vécu au milieu de la haine de ses confrères et que chacune de ses œuvres était accueillie par les *aboiements* de toute la critique. Son grand tort était d'*avoir le plus parfait dédain pour ses adversaires et de le leur montrer*. Lisez sa « Correspondance », monsieur. Comme en termes délicats ces choses-là sont dites ! »

C'est ainsi que jadis M. Sardou en usait, avec plus de politesse néanmoins, à l'égard de M. Zola qui s'était permis de critiquer les *Bourgeois de Pont-Arcy*. Je ne connaissais pas M. Zola et fus pris d'un bel accès de don-quichottisme. Seul ou à peu près seul, si je ne me trompe, je partis en guerre contre M. Sardou, dans un journal fort répandu, jugeant tout à fait outrecuidant le procédé qu'employait l'auteur de *Patrie*, et dont aujourd'hui M. Zola se sert à son tour. Mais ce n'est pas de cela qu'il est question.

Qui n'a pas lu la « Correspondance » ? Qui n'a pas lu l'avant-propos de la *Comédie humaine*? On voit Balzac vivant son œuvre, poursuivi par ses personnages comme par des fantômes, se réveillant pour songer à Lucien ou au père Goriot, cherchant la déduction du roman : mais tout cela sans grands mots, sans définitions scientifiques, sans « fracas ni tintamare ». Il y a même dans la préface de la *Comédie humaine* une note modeste qui n'était guère familière à Balzac. Il craint que ce titre de *Comédie humaine*, pourtant si justifié par la grandeur de l'ouvrage, ne choque le public. « Est-ce ambitieux ? N'est-ce que juste ? C'est ce que, l'ouvrage terminé, le public décidera. » C'est de ce ton légèrement timide que Balzac finit son avant-propos. Puis quoi, c'était Balzac ! un géant ! Il est vrai que je soupçonne M. Zola et ses joueurs de flûte de n'avoir, sans oser le dire, qu'une médiocre estime pour Balzac. Le jour où ils jetteront le masque carrément, je ne serais pas surpris que l'écrivain qui a porté dans son puissant cerveau *Marthe, histoire d'une fille* déclarât, non sans bienveillance, que Balzac était un bonhomme doué de quelque facilité.

C'est que, en vérité, cette morgue est incompréhensible. M. Sardou pouvait, lorsqu'il lança sa fameuse ruade à M. Zola, alléguer cette excuse, qui n'eût point été bonne du reste, que, se tenant tout à fait en dehors du journalisme, il avait une instinctive méfiance des critiques, lesquels ne peuvent savoir à quel point « l'art est difficile ». Les critiques sont des époumonnés, des impuissants, de « séduisants eunuques », — c'est là un refrain connu. Mais M. Zola ! Il est du bâtiment, j'imagine. Et c'est lui qui a l'incroyable témérité d'écrire ces lignes : « Et voilà des gaillards qui ont deux heures pour accoucher d'un article, qui le bâclent sur un coin de table et qui, sans examen, sans avoir lu, sans rien étudier ni contrôler, traitent l'écrivain d'ignorant, affirment qu'il ne sait **pas le premier mot de ce dont *je* parle**, le tout sans conviction, le plus souvent uniquement pour amuser leurs lecteurs. Je trouve que cette méthode critique laisse à désirer. » A coup sûr, une méthode semblable laisserait à désirer. J'irai plus loin : une méthode semblable serait honteuse. Pourquoi donc la supposer chez les autres? Nul ne la suppose une minute chez M. Zola, qui est critique aussi. Il est vrai que la critique de M. Zola est d'une farine bien particulière et doit, je pense, quelque peu interloquer les lecteurs de son journal. Personne ne me démentira si j'affirme que M. Zola met généralement son feuilleton dramatique au service de son intéressante personnalité. Les abonnés doivent connaître à fond la genèse des *Héritiers Rabourdin*, un des beaux *fours* de ce temps-ci, et de *Bouton de Rose*, farce lugubre au bas de laquelle MM. Amédée de Jallais et Félix Savard auraient énergiquement refusé d'apposer leur signature.

Quant à *Nana*, il faut que M. Zola en prenne son parti, c'est un roman qui fait long feu. J'ai eu la curiosité de lire hier tout ce qui a paru du roman, depuis le premier feuilleton, où s'étale, comme un défi au public, le mot b...l jusqu'au feuilleton se terminant par ces mots: « Sacré nom de Dieu! sacré nom de Dieu! Heureusement que l'estomac est resté bon, vous verrez ça. » Ma foi, le dégoût m'a saisi. J'en resterai là. J'ai abandonné le journal et ai pris un volume au hasard dans ma petite bibliothèque. Je suis tombé sur *Ourika*. Un contre-poison. L'œuvre de la duchesse de Duras est restée jeune, émue et pleine de charme pénétrant. Je l'ai relue et, dussé-je faire bondir toute la maison Charpentier, j'y ai trouvé un plaisir extrême.

M. Zola déclare qu'il n'est pas besoin d'avoir perdu sa fortune et usé sa santé dans le monde des filles pour en pouvoir parler savamment. Assurément, non. Mais encore, lorsqu'on a la prétention de dépeindre ce monde-là, est-il nécessaire de l'avoir fréquenté de manière suffisante. « On me jette Fervaques à la tête, » s'écrie avec dépit M. Zola. Eh! oui, j'ai évoqué l'ombre du pauvre et doux Fervaques. Il connaissait ce milieu plein de paillons et de clinquant, et ne commettait point d'impair. Bien que M. Zola accuse Fervaques d'avoir passé sa vie à coudre banalement quatre ou cinq phrases dérobées aux Goncourt, je prendrai la liberté grande de n'être point de son avis. J'ai toujours trouvé que Fervaques, dans un genre de littérature évidemment inférieur et que je n'aime guère, avait de l'imagination et comme un tour de plume. En tout cas, il avait sur M. Zola un avantage indéniable : il ne jugeait pas des couleurs en aveugle.

C'est que tout est faux en ce roman. On y sent l'effort pour décrire des mœurs à peine entrevues. Pas un détail qui ait son cachet de réelle exactitude. Peut-être les bourgeois du Marais ouvriront-ils de grands yeux et admireront-ils de confiance. Les **gommeux** et les filles ne reconnaîtront pas du tout leur monde. Je ne désespère pas de voir M. Zola faire *dîner* un de ses héros chez Tortoni ! — Il y a eu jadis, au théâtre du Petit-Lazari, une soirée demeurée légendaire. L'affiche annonçait deux pièces. L'une était une pièce moderne, l'autre était une pièce « à costumes ». Dans la première, un jeune élégant, parlant d'une femme *hurph*, comme disent les héros de M. Zola, s'exprimait ainsi : « Autrefois, c'était très bien chez la marquise. Salon en acajou, portrait de Mélingue sur la cheminée, tout, quoi ! La marquise nageait alors en plein luxe. Toujours en fiacre ! Une loge à l'Ambigu trois fois par semaine ! Pauvre femme ! Ruinée maintenant ! » Dans la seconde pièce, un seigneur, entouré de quelques amis, se tournait vers la coulisse et s'écriait : « Entrez, entrez, monsieur de Bassompierre ! Nous sommes tous de bons *zigs* ici ! » Et le public du cru d'écouter très sérieusement et d'applaudir. Le marquis de R..., qui s'était encanaillé là-bas, dans une avant-scène à soixante-quinze centimes la place, n'en revenait pas et s'esclaffait. Seize ans se sont écoulés depuis cette représentation véritablement extraordinaire. Or, je suis persuadé que si M. de R... lit aujourd'hui *Nana*, il doit éprouver la même impression qu'au théâtre du Petit-Lazari.

J'ai résumé précédemment, d'après les indiscrétions de M. Albert Wolff, l'intrigue de *Nana*. Il ne m'a pas été difficile de démontrer qu'il n'y avait, dans les diverses péripéties que nous connaissons d'avance, rien de neuf ni de trouvé. Les vingt pages de *Matteo Falcone* contiennent plus d'invention que ce roman qui durera, hélas! quelques mois. La fille entretenue, s'attachant à un amant de cœur qui se tue, se jetant par nostalgie de la boue dans les bras du cabotin traditionnel, revenant « aux messieurs chic » et, finalement, se rachetant par le sacrifice maternel! La belle imagination, en vérité! Et n'avais-je pas raison de dire tout à l'heure que c'était une réédition de l'œuvre de jeunesse de Dumas fils? M. Zola l'a revue, annotée et considérablement augmentée de mots sales. Il a mis le roman de Dumas à la portée des couches laborieuses du bal de la Boule-Noire. La *Dame aux Camélias* racontée à leurs camarades par *Fil-de-Soie* et *Bataupieu*!

En résumé, M. Zola est, à mon sens, sur la pente fatale. Après avoir écrit plus d'un volume remarquable, il a perdu la notion du juste et du vrai. L'*Assommoir* a été le commencement de cette décadence. J'étonnerais bien M. Zola si je lui disais que le succès de l'*Assommoir*, qui l'a grisé et l'a jeté dans je ne sais quel expérimentalisme, est dû purement aux *cochonneries* voulues dont il a rempli jusqu'au bord ce volume interminable, où se trouvent à peine quelques pages observées. Ç'a été un succès de curiosité, rien de plus. Le procédé, attrape-nigauds productif, est connu maintenant. J'ai grand peur que M. Zola n'y reprenne plus le public. Triste fin, en somme, pour un écrivain qui a eu, tout le monde en tombe d'accord, beaucoup de talent, mais qui n'a jamais eu, et j'entends dans ses meilleurs jours, le talent de sa morgue et de sa superbe!

## UNE MONDAINE

Il n'est pas de semaine où un fait nouveau ne vienne à la rescousse des partisans du divorce. La « sainte indissolubilité des liens conjugaux », qui résonne bien à la fin d'une oraison, est diantrement battue en brèche. De l'avis des esprits les plus modérés, l'état actuel ne saurait durer longtemps encore. La nécessité d'une réforme radicale va s'imposant chaque jour davantage. Le dernier argument des *ultras* qui confondent, dans un singulier meli-melo, le code civil et la religion, est un argument aussi faible que la flèche du vieux Priam. Acculés, ils s'écrient: « Le divorce est une monstruosité dans une nation catholique ! » oubliant à dessein que le divorce existe en Autriche, en Belgique, en Westphalie, en Bavière. Il faudrait donc croire qu'il y a un spiritualisme d'une essence supérieure, inconnu de nos voisins et particulier à la France, en vertu duquel nous sommes condamnés *in œternum* à cette ineptie qu'on appelle la séparation de corps.

Vous avez tous vu ce couple. Lui est grand,

taillé en force, barbu, riant d'un rire un peu gros, d'allure peu romanesque. L'œil, qui révèle tant de choses chez l'homme mûr, est bleu, clair et bon. C'est un joyeux gaillard. Il porte un nom qui fait rêver tout ensemble de bock et de guillotine. Puissamment riche, par-dessus le marché. Elle, est mince sans maigreur, fort élégante, vous regardant net et au front. Les cheveux sont d'un pur châtain français. Sans la légère « galoche » du menton et un faible recourbement du nez, qui donnent à cette physionomie quelque chose de l'oiseau de proie, ce serait une des plus ravissantes figures qui se puissent rêver. J'ai aperçu ce couple une fois, et de loin, au théâtre. Elle est entrée dans sa loge, la tête haute, a jeté un regard rapide à travers la salle, puis psstt! s'est trouvée subitement pelotonnée sur sa chaise, sans que j'aie pu savoir de quelle façon elle s'y était prise. Minouche, une chatte que j'aime, ne s'accroupit pas plus gracieusement. Lui, carré, lourd, s'est assis à la bonne franquette, les mains sur les cuisses et les coudes en dehors. Il n'était question de rien, à ce moment-là. Balzac, pourtant, eût subodoré un drame à venir dans ce contraste.

La tempête a éclaté tout d'un coup. Avide d'inconnu, elle s'est jetée dans les aventures. Vous savez, ô lecteur qui avez dépassé la trentaine, où la curiosité peut mener une femme. Il me paraît que Flaubert, en écrivant cette admirable et effroyable *Madame Bovary* qui nous a tous enfiévrés, n'a pas eu le courage d'aller jusqu'au bout de sa pensée. La dernière escapade de la mondaine en question a été l'objet de tous les commentaires parisiens. Il lui a fallu « dissimuler et avoir l'air d'un vrai marmiton », sans musique d'Offenbach, fausser compagnie à un prince de cabaret de nuit dont chacun prononce tout bas le nom et filer crânement, à la barbe du mari, qui n'y a vu que du feu. L'anecdote est piquante. Et comme Diderot l'eût contée !

Au cours du procès, un fait absolument odieux a été prouvé. Je le rencontre dans les « attendu » du jugement. Partant, j'ai le droit de l'y cueillir. Le père de cette jeune femme — vous entendez bien, le père, l'austère *pater famillias* de la loi des douze tables — prêtait à sa fille des livres graveleux. Quel délicieux intérieur ! On ne se figure pas aisément cette dame disant, d'une voix bémolisée, à l'auteur de ses jours : « Petit père, j'ai fini ce matin le troisième volume de *Justine*. Tu ne peux t'imaginer à quel point m'a intéressée l'orgie du couvent. Donne-moi bien vite le quatrième volume. Ah ! ce marquis de Sade était un véritable amateur ! — Gourmande ! répondait le père. Tu vas l'avoir, ce quatrième volume. Après quoi, si tu es bien sage, je te passerai *Juliette*. » Là-dessus, ces deux belles natures se pâmaient en tendresses bizarres. Je m'arrête là. Il y a, à ce sujet dans le jugement sus-indiqué, un « attendu » qui a amené sur mes joues le juvénile incarnat de la pudeur.

Moi, je crois que c'est M. Marcellin qui est coupable du mal. Je ne raille pas, au moins. C'est un homme d'infiniment d'esprit que ce M. Marcellin. Il fait un journal qui a un grand succès et au point de vue de ses intérêts personnels, je l'en félicite vivement. J'estime, néanmoins, que toute cette littérature au patchouli est la plus déplorable chose qu'il y ait. Il ne manque pas de petites bourgeoises qui s'imaginent très sérieusement, sur la foi de la *Vie Parisienne*, que le dernier mot du bel air, pour « une femme du monde », est de paraître au bal, au théâtre, n'importe où, à peu près aussi nue qu'un ver. Ce journal étrange, dont je ne demande pas que le successeur de M. Roch brûle les exemplaires en place publique, me semble réellement un fâcheux conseiller.

Prenez une jeune fille toute en naïveté simplette. Elle se marie. L'époux, un bon diable, s'abonne à la *Vie Parisienne*. La jeune femme, qui porte des bas blancs et met sa jarretière au-dessous du genou, commence à avoir honte d'elle-même. Elle se dit que les dames qui montrent leur chair à tout venant, toujours d'après M. Marcellin, sont véritablement des grandes dames sur lesquelles il convient de prendre exemple. Sans omettre que chaque *nouvelle* dudit journal est l'excuse, parfois fort joliment tournée, des polissonneries commises entre une station au confessionnal et une visite chez le couturier. Vous voyez d'ici le travail qui s'opère dans le cerveau de la petite bourgeoise. Elle soigne « ses dessous », trouve *rasants* les devoirs de la famille, s'aperçoit que son mari est un homme sans imagination et sans littérature, et, finalement, tombe dans les bras d'un photographe rêveur.

J'ajouterai, en passant, que si les duchesses, les marquises et les comtesses sont telles que les dépeint la *Vie parisienne*, je demande qu'on nous ramène à M$^{lle}$ Amanda et à M$^{lle}$ Norma. C'est identiquement le même monde, avec je ne sais quoi de loyal en plus. On sait qu'il faut donner quelque chose à la bonne.

La cocodette, que le jugement de la première chambre vient de flétrir, est une femme à la mer. Si dédaigneuse des préjugés que je la suppose, elle doit avoir eu avec elle-même plus d'un colloque douloureux. Le monde, je ne parle pas du monde de la *Vie parisienne*, je parle du monde des honnêtes gens, est sans pitié pour les fautes scandaleuses. La dame dont il s'agit est une enrôlée de plus dans la grande armée des irrégulières. Vous n'ignorez pas que l'existence de ces irrégulières, en dépit des éclats de rire d'une minute et des fièvres fugitives, n'est point précisément jonchée de roses. Fatalement, le vide se fait autour d'elles. Elles arrivent cahin-caha à se former une espèce de salon et de millieu. Il n'est pas rare que les hommes de bonne compagnie aillent chez elles. Pardieu ! Ils vont bien chez M<sup>lle</sup> *Trop-de-Fraîcheur* ! C'est simplement une vie brisée.

Un point me surprend, en l'espèce. Que l'incompatibilité d'humeur, dont le code fait un motif de séparation de corps, pousse une femme à déserter la voie droite, j'y consens. Une âme délicate se heurte à de certaines vulgarités et à de certaines brutalités. L'idéal, sous la forme d'un joli monsieur à cravate irréprochable, se présente. L'âme délicate ferme les yeux, gigotte en une manière d'évanouissement et s'en tire à bon compte par le traditionnel « oh ! ma mère ! que s'est-il passé ? » Bon prince, je ferme les yeux là-dessus. Où il ne m'apparaît plus d'excuses possibles, c'est quand la femme est mère. Il est des courtisanes qui ont compris pour la première fois le sens du mot *rédemption*, en sentant je ne sais quoi de mystérieux s'agiter dans leurs entrailles. Sans phrases toutes faites, l'enfant devrait être l'éternel obstacle opposé à l'adultère. Or, la mondaine en question est mère de deux bébés. Malepeste ! Que voilà donc une adorable créature !

Le mari, lui, va rester seul. Il est jeune encore ou, du moins, m'a paru tel. A quel destin est-il réservé, ce brave homme qui n'a peut-être eu d'autre tort que de ne pas se planter sous les fenêtres de sa femme, le visage à demi couvert d'un sombrero et une guitare à la main, tout comme un amoureux d'Andalousie? Pourquoi la loi lui refuse-t-elle le droit de convoler en de nouvelles noces et de rendre heureuse une brave fille, non abonnée à la *Vie parisienne*? C'est que c'est trop bête, en vérité! Mon Dieu, je ne voudrais pas que le divorce, prononcé légèrement, fît ressembler le mariage à une de ces unions morganatiques que les étudiants contractent volontiers à « la Closerie des Lilas ». Le Talmud m'effraye quand il déclare le divorce nécessaire, au cas où l'un des deux conjoints serait affligé d'une haleine difficile à soutenir. D'autant plus que je ne me représente pas bien le juge commis par le tribunal exigeant que le mari, incriminé de pituite à état aigu, lui fasse hou! hou! dans le nez. Je me le représente encore moins, ce magistrat enquêteur, venant ensuite déclarer à MM. les président et juges, non sans la gravité usuelle, que « effectivement, le défendeur a comme un goût ». Tout cela est absurde, j'y acquiesce. Ne prononcez le divorce qu'à la rigueur extrême. Mais prononcez-le quand il le faut. Ou c'en est fait de votre société, ô les catholiques à tous crins!

# A MADEMOISELLE MARGUERITE

*Domicile inconnu.*

---

Mademoiselle,

Les chroniqueurs sont exposés à recevoir force lettres. Les unes, bien et dûment paraphées, avec adresse à l'appui, renferment des compliments, qui, vous l'avouerai-je? ne nous paraissent jamais exagérés. Tous, tant que nous sommes, en dépit des mines dégagées que nous affectons de prendre, nous ne dédaignons pas ces compliments-là. Une vérité dite avec quelque courage, une noble cause chaudement défendue, parfois une infortune signalée, que sais-je! il est des jours où nous avons de ces bonnes aubaines. Or, il se rencontre, dans la foule des lecteurs, un inconnu qui se sent pris d'émotion et nous veut remercier. C'est là une récompense qui en vaut bien une autre. Les autres lettres, prudemment enveloppées du voile de l'anonyme, contiennent des injures à faire dresser les cheveux jusque sur la tête de M. Maubant. Je dois reconnaître que j'ai rencontré en vous, mademoiselle, sans que je puisse deviner pourquoi, une ennemie implacable. La fureur vous a aveuglée à ce point qu'elle vous a fait négliger les règles les plus vulgaires de l'orthographe. Orthographiée ou non, votre prose est roide, je n'en saurais disconvenir. Aussi bien, je vais en donner un échantillon.

Je ne reproduirai pas votre missive tout entière, mademoiselle. Une phrase, la seule à laquelle je veuille répondre, suffira à en indiquer le ton général : *Ta mettresse ne peu donc plus tantretenir, que tu ais si en colère contre les femes, panné !* » Il me paraît que l'apostrophe est claire. Vous me rendrez cette justice que je n'altère pas le texte. Aussi bien, ces choses-là ne s'inventent pas. Il y a même, dans les deux *n* de ce *panné*, je ne sais quoi qui décèle une énergique indignation. Tout d'abord, mademoiselle, permettez-moi de vous faire observer que ce tutoiement a lieu de me surprendre. Je me suis demandé si, à une époque quelconque de ma vie, je m'étais trouvé en rapport avec une demoiselle Marguerite, et j'ai dû me faire une réponse négative. Du plus loin que je me souvienne, pas plus de Marguerite que sur la main ! Tout me porte donc à croire que ce tutoiement est chez vous affaire d'habitude, ô la plus aimable des correspondantes ! Notez que je n'aurai pas le mauvais goût de m'en offusquer outre mesure. Je me borne à constater que vous avez coutume de tutoyer les gens que vous n'avez jamais vus. Aussi bien, le timbre de la rue Milton, mis sur votre lettre, semble m'indiquer que vous habitez les hauteurs cythéréennes du quartier Bréda.

J'ai d'abord cru que cette délicieuse missive se trompait d'adresse. Depuis quelque temps déjà, piqué de la tarentule générale, le chroniqueur a abandonné les menus faits de la vie parisienne et s'est plu, lui aussi, à tirer des pétards dans le champ de la politique. Mais non, il faut que je me résigne, quoi que j'en aie. La lettre retarde, voilà tout. Mon nom est bien sur l'enveloppe, écrit en imposantes majuscules : majuscules significatives qui me font penser, mademoiselle, que, avant de devenir la femme élégante que j'aime à supposer que vous êtes, vous avez dû préluder à une instruction évidemment incomplète en inscrivant, sur un livre de cuisine, les comptes de la journée. Gardez-vous d'en rougir ! Les niais seuls rougissent du point de départ comme d'une tache originelle. Puis, qui sait ? Je connais le monde auquel vous semblez appartenir. Que d'existences faussées, dès le début, il y a dans ce monde-là ! Fille d'un vieux soldat tombé sur le champ d'honneur, vous avez eu sans doute une jeunesse abandonnée à l'aventure. Je vois ça d'ici. Une soupente, des saucisses plates, des pommes crues, un fragment de miroir pendu au mur ; le tout, avec une écœurante odeur de patchouli. Pauvre demoiselle! et que je vous plains !

Tenez, mademoiselle, je passe condamnation sur *panné*, bien que *panné* soit dur, vous me l'accorderez. Je ne veux retenir de votre lettre que l'accusation ci-dessus mentionnée. Que voulez-vous? nous sommes, à *l'Événement,* une bande de pauvres hères tombés dans un marasme profond. Les affaires ne vont pas; les étrangers s'éloignent; l'argent se cache. Nos maîtresses ne savent où donner de la tête et ne peuvent plus nous venir à la rescousse. Aussi c'est grand'pitié, je vous jure, que de nous voir allant par les rues, hâves, faméliques, jetant des regards d'âpre convoitise sur les boutiques de rôtisseur. Furetière, qui est un malin, parvient encore à joindre les deux bouts. Du diable si je sais comment il peut s'y prendre ! Mais les autres ! Depuis que les rastaquouères, inquiets des élections prochaines, se sont sauvés de Paris, abandonnant nos maîtresses à leur malheureux sort, nous ressemblons à ces naufragés de la *Méduse* qu'a peints si puissamment Géricault. Ah! mademoiselle Marguerite, si, au lieu de fermer les yeux, ainsi que vous l'ordonnent expressément les cinq bémols de la romance, vous daigniez les ouvrir sur notre misérable situation et nous être pitoyable, que de reconnaissance ! Il n'est pas question de Jules Delval, bien entendu. Jules Delval, le plus beau parmi les enfants des hommes, possède une situation acquise et n'a rien à redouter de la fortune adverse. On parle vaguement d'une princesse russe.

Raillerie à part, mademoiselle, et puisque, à la fin de cette lettre que je transmettrai à mes arrière-petits-neveux, vous m'appelez *sal caiptique* (sale sceptique), il faut que je m'ouvre franchement à vous. C'est une confession douloureuse et que je vous juge digne d'entendre. Le public sera en tiers dans cette confidence, je le sais. Qu'importe! j'ai d'illustres précédents à invoquer, si quelqu'un trouve mauvais, d'aventure, que le chroniqueur se permette de lever le voile qui doit cacher sa vie. Je saute à pieds joints par-dessus le mur Guilloutet, et j'en ai le droit, puisque ce mur est le mien. L'accusation qui s'est échappée de votre plume virginale, mademoiselle, m'a touché au vif. Elle tombera d'elle-même, d'ailleurs, en présence d'un fait que mon concierge, homme mûr et incorruptible, pourra attester : je vis dans une amère et profonde solitude. Hélas ! à l'âge où voltigent les illusions ailées, j'ai rencontré sur mes pas une *femme supérieure*. Vous ne savez sans doute pas ce que c'est qu'une *femme supérieure*. Je vous expliquerai un jour les divers caractères auxquels on reconnaît, à ne s'y pas méprendre la *femme supérieure*, c'est-à-dire le bipède le plus extraordinaire qui soit sorti des mains de Dieu. Donc, veuillez me prêter quelque attention. C'est une simple et lugubre histoire. C'est l'histoire d'un cœur à jamais brisé.

Je ne vous dirai pas la date où se sont passés les sombres événements que vous allez ouïr, mademoiselle. Qu'il vous suffise de savoir que la France était heureuse. Le pauvre père Bonnier guidait dans le rude chemin du droit civil mes pas inexpérimentés. Je dois à la vérité cet hommage que j'assistais peu à ses cours. Des camarades de collège, sortis un an avant moi, des viveurs à tous crins qui faisaient jusqu'à dix francs de consommation dans un caboulot de la rue des Grès, avaient développé en moi d'étranges instincts. J'étais de toutes les fêtes. Puis, un beau jour, je me fis un peu rare. Le bruit se répandit, comme une traînée de poudre, qu'une *femme supérieure* avait daigné abaisser sur moi un regard favorable. On m'interrogea ; je niai avec toute sorte de petits airs modestes : on insista ; j'avouai. J'étais un heureux gredin. Une grande brune, femme du monde déclassée, récitant la *Nuit d'Octobre*, tapotant du piano, chantant des romances poitrinaires et, comme de raison, *se destinant au théâtre*, quel rêve ! Que les jeunes gens de vingt ans, qui n'ont pas connu ces ivresses, me jettent la première pierre ! J'avais bien remarqué que la femme du monde déclassée prêtait parfois aux alexandrins de Musset un nombre de pieds fantaisiste. Mais bast ! tant d'âme ! tant de passion !

J'abrège ces souvenirs, mademoiselle. Ils me brisent. Nous nous réunissions souvent dans la chambre d'un de nos amis. Cette chambre, que je vois encore en pensée, était d'un luxe discret et sobre : un lit en fer, une table, quelques chaises, un piano à vingt-cinq francs par mois. Je décidai la femme du monde à venir là un soir. Elle finit par y consentir et parut, avec des allures de Junon marchant sur la nuée, au millieu de quelques braves garçons qui fumaient des pipes et de quelques jeunes personnes sans préjugés qui fumaient des cigarettes. Elle fut roide et hautaine et déplut généralement. Il y eut un froid. J'étais à la fois fier et gêné. L'un de nous ayant fredonné entre haut et bas le refrain d'une romance intitulée *le Cavalier adjoute :* « *J'ai tout quitté, l'émir et Mahomet lui-même !* », je saisis la balle au bond et demandai à la femme supérieure si elle connaissait cette romance délicieuse. Elle murmura un « oui » faible, s'assit au piano, s'accompagna vaguement et chanta le couplet. Puis, arrivée au refrain, elle l'entonna à pleine voix. « *J'ai tout quitté, EMILE et Mahomet lui-même !* » Je crus d'abord qu'elle raillait. Non, elle était sérieuse et lançait vers le plafond des regards inspirés. « Mais, chère amie, fis-je timidement, ce n'est pas *Emile*, c'est *Emir*. » Elle me regarda avec un sourire quelque peu dédaigneux. « Mon petit, me répondit-elle d'une voix nette où perçait une pitié contenue, *Emir n'aurait aucun sens.* » Je vivrais mille ans que je n'oublirais jamais cette phrase stupéfiante. Pauvre moi ! j'avais donné mon cœur à une simple dinde !

La plume ne saurait retracer les horribles souffrances que j'endurai. Frappé dans mon amour et dans mon amour-propre, je proférai contre la race féminine les serments les plus effroyables : d'autant plus que, le lendemain de ce jour funeste, j'appris, à n'en pas douter, que la *femme supérieure* me trompait quotidiennement avec un artiste du cirque des Champs-Elysées, qui l'avait rendue folle d'amour en criant : *miousique!* Cette façon singulière de prononcer la langue française avait exalté jusqu'au délire son âme naturellement ardente. Voilà pourquoi, mademoiselle, je me suis condamné, — non pas au vœu que juraient les chevaliers de Malte, juste ciel ! — mais à une façon de célibat devant lequel viennent s'émousser vos trop ingénieuses suppositions : célibat qui n'a, d'ailleurs, rien que de très supportable pour un homme jeune encore, dans le quartier duquel il y a de la très belle femme pour vingt francs.

Veuillez recevoir, mademoiselle, l'assurance de mes sentiments distingués.

## LE PROFESSEUR

Un jeune homme de vingt à vingt-trois ans passe les plus belles et les plus chaudes années de sa vie dans un pénible labeur de chaque jour, à l'ombre des hautes murailles d'un lycée. Autour de lui, il voit s'agiter des têtes blondes et des museaux roses. Le jour où ces têtes blondes sont des têtes de bacheliers, elles disparaissent. La vie, avec ses révélations ardentes, happe ces éphèbes dès que la lourde porte à gros clous s'est refermée sur eux. Ils vont connaître toutes les fièvres, toutes les souffrances et toutes les joies. Lui cependant, boursier au pourpoint luisant, demeure claquemuré jusqu'à l'heure où, déclaré admissible à l'École normale, il passe et enlève de haute lutte son examen oral. Alors il revêt un habit noir orné d'un point de broderie bleue, jette un regard à la fois mélancolique et haineux sur ce lycée où les nuits du dortoir ont été plus d'une fois hantées de mauvais rêves, et, secouant la poussière de ses bottines à douze francs sur le seuil de la maison maudite, prend son chemin vers la rue d'Ulm.

Je parlais l'autre jour, à cette place même, des

rues des hautes-villes de province où s'étale, sombre, « la tristesse de choses » chantée par le vieux poète latin, en deux *pieds* d'hexamètre demeurés immortels. A Paris, le *quartier* a encore de ces rues-là. Elles sont peuplées de maisons à façade grise où s'écoulent des existences mornes et ignorées. Il me paraît que, si j'étais frappé en pleine vie par une de ces surhumaines douleurs qui anéantissent l'être, c'est là, aux environs de Saint-Sulpice ou du Panthéon, que j'irais m'ensevelir, cadavre vivant. Il y a, dans ces voies au pavé propre et rarement foulé, je ne sais quoi de propice à la méditation. Ce calme porte au recueillement et engendre la consolation peut-être. Ce sont des rues mortes. Telle la rue d'Ulm, où se trouve l'École normale.

Jadis, j'y suis allé plus d'une fois faire visite à des camarades. Que sont-ils devenus, depuis ce temps-là, ces camarades dont il m'a fallu me séparer brusquement, un matin de vacances? C'est presque une douleur que de rompre d'un coup la chaîne des études communes et des enthousiasmes partagés ! Schérer, le fils du Schérer du *Temps*, est mort à Brest, foudroyé par la phtisie galopante. Où, Dupré ? Où, Tallon ? Où, les autres ? J'ai retrouvé au Palais Ribot qui, comme moi, avait un instant songé aux palmes bleues. Il a aujourd'hui des aspirations de grand homme politique. On se quitte, on s'écrit, on se revoit deux ou trois années de suite aux « repas d'anciens élèves ». Puis, c'est fini. On se perd de l'œil et l'on s'abandonne au destin. — Hé donc, cette rue d'Ulm était, à ce moment, une de ces rues psychologiques pleines d'herbe et de tristesse. Je n'y retournerais pas sans un serrement de cœur.

Quand je m'aventurais là, j'avais des envies de parler bas et de marcher sur la pointe des pieds, comme en une chambre de malade. Quelques rares soutanes glissaient le long des maisons à portes closes en plein jour. L'École normale a des allures de couvent, elle aussi. C'est bien l'asile indiqué de ces jeunes hommes auxquels on demande des vertus et une existence de prêtre. Ils doivent s'habituer, au printemps même de la vie, à d'étranges renoncements. En revanche, la loi leur attribue des immunités particulières : tout de même que les ecclésiastiques, ils ne sont point soldats. Que si, d'aventure, ils veulent, avant dix années révolues, jeter bas leur suaire et frapper de la tête la pierre du tombeau, ils doivent ou payer je ne sais quelle somme à l'État ou prendre le mousquet. Il en était ainsi autrefois. Une dure carrière, pas vrai ?

Le professeur m'apparaît comme le plus estimable homme qui soit. Je ne referai pas ici, sur le rôle de l'instituteur dans la société moderne, les phrases connues que les orateurs du Parlement ont héritées de M. Guizot. Ayant une sincère horreur du « cliché » et du « poncif », je me borne à constater — sans périodes redondantes — que ce rôle n'est pas apprécié à sa juste mesure. Beaumarchais estimait que, aux qualités qu'on exige d'un valet, peu de maîtres seraient capables d'être serviteurs. Je me demande comment il se peut faire qu'un jeune homme instruit, se sentant une valeur réelle, consente à embrasser la carrière du professorat. Quels sacrifices ! Et de quelle médiocre récompense on reconnaît ces sacrifices-là ! Aussi, que de fois ces jeunes gens ne se hâtent-ils pas, l'occasion venue, de jeter la toge aux orties !

Il faut loyalement reconnaître que, depuis M. Duruy, le plus remarquable grand-maître de l'Université que nous ayons eu, le sort des professeurs s'est quelque peu amélioré. Néanmoins, le budget de l'instruction publique, qui, de l'avis de tous les gens doués non de bon sens, mais purement de sens commun, devrait être le plus gros budget de notre pays, en est encore le plus mince. C'est là-dessus que devraient se porter sans cesse la pensée des législateurs. Avant M. Duruy, la situation des professeurs était absolument ridicule. Un mauvais et méprisable ministre, M. Fortoul, avait essayé de porter à l'Université, tout plein qu'il était d'arrière-pensées faciles à percer à jour, un coup mortel. Je ne parle point de ce grotesque système de *bifurcation* sous lequel les hommes de ma génération ont commencé leurs études. Je l'aurai jugé en disant que nous étions forcés, à l'âge de douze ans, d'opter ou pour « les sciences » ou pour « les lettres », et de choisir ainsi, gamins à hauts-de-chausse à peine fermés, une carrière définitive. M. Rouland, ancien procureur général, bombardé ministre de l'instruction publique, — *nihilominus, te vere suum salutat Universitas !* lui criait Girard, aujourd'hui proviseur à Fontanes, en pleine Sorbonne — n'osa toucher que d'une main timide à l'œuvre (!) de son prédécesseur. M. Duruy eut cette audace.

M. Fortoul, celui-là même qui envoya Taine professeur de sixième à Toulon (pourquoi pas au bagne ?) et Sarcey professeur de cinquième à Lesneven, avait eu des exigences tout à fait curieuses. Les professeurs ne devaient plus porter de moustaches. Il leur était interdit de se présenter devant leurs élèves en simple jaquette. Leur vie privée était l'objet de « mouchardises » continuelles. Un proviseur était un agent de la sûreté. Riaux, professeur de philosophie à Bonaparte, fut cassé aux gages comme un laquais, parce qu'il n'avait pas voulu, sur l'injonction de je ne sais quel chef de bureau délégué *ad hoc*, briser une affection vieille de vingt années et que des circonstances, inutiles à rappeler ici, l'empêchaient de rendre légitime. Quelle époque de haute moralité que cet empire ! Je cite ce fait, j'en pourrais citer cent.

Tout naturellement, il y eut une désertion générale. Deschanel, Albert Leroy, Despois et tant d'autres jetèrent leur démission à la tête du ministre le lendemain du 2 Décembre. Puis, les jeunes — les jeunes d'alors — nos aînés de quinze ans — Taine, About, Sarcey, Paradol, Weiss, Dottin, se hâtèrent, au sortir de l'École, de chercher une autre voie. La plupart d'entre eux, tentés par l'exemple d'Hippolyte Rigaud, brillamment entré au *Journal des Débats*, abordèrent le journalisme, qui commençait alors à devenir une profession lucrative. Il ne resta guère dans l'Université que des hommes de second plan. Ç'a été une bizarre génération de professeurs. Nous n'en sommes plus là, à coup sûr. Toutefois, pour changées qu'elles semblent, les choses ne le sont pas, en réalité, autant qu'on pourrait le croire.

C'est le *Constitutionnel*, à la tête duquel se trouve un ancien universitaire fort distingué, qui m'inspire ces réflexions assez tristes sur la destinée des professeurs. M. Grenier traite la matière en homme qui sait ce dont il parle. *Experto*... M. Grenier a passé par ce rude apprentissage de la province. Il connaît de quelles petites misères est faite là-bas la vie des jeunes professeurs. On les harcèle de coups d'épingle, aujourd'hui encore. M. Grenier trace de ces petites misères et de ces coups d'épingle un tableau qui n'a malheureusement rien de fantaisiste. C'est à dégoûter pour jamais de la noble carrière du professorat les jeunes esprits libres! Balzac,

George Sand et Théophile Gautier avaient jadis rêvé de fonder une épicerie, en haine de la littérature. Le moment est proche où les prix d'honneur préféreront au professorat le métier moins relevé, mais plus sûr, de fabricants de chaussures à vis.

Le jeune homme de vingt ans sort de la rue d'Ulm avec sa nomination en poche, à moins que, au bout de la seconde année, il n'ait *ralé* définitivement son examen de licence. Auquel cas, il est sur le pavé. Je le suppose muni de sa nomination. On l'expédie dans un lycée de dernière classe. Vous me direz que c'est là l'ordre naturel des choses et qu'il faut commencer par le commencement. J'en tombe d'accord. Mais les émoluments sont d'une insuffisance choquante et ne permettent guère au jeune homme de tenir une sorte de rang. Il a recours aux *répétitions*. S'il est en bons termes avec le proviseur, il se trouve par là même recommandé, est introduit dans les familles et « court le cachet ». A-t-il des velléités d'indépendance ? Prend-il quelquefois une absinthe panachée, *en terrasse*, au café de la Comédie ? Reçoit-il de façon particulièrement affectueuse la « petite blanchisseuse du lundi » qu'a célébrée Monselet ? C'est un homme à la mer ! Toutes ces choses se savent et se colportent. Le malheureux est mis à l'index. On envoie sur lui de mauvaises notes au ministère. La *dame* du censeur ne lui rend pas son salut. Une carrière brisée !

M. Ferry me paraît animé des meilleures intentions. Son fameux article 7, duquel je ne dirai pas ce que je pense, dans la crainte de faire bondir comme des balles élastiques le directeur et les lecteurs de l'*Événement*, est évidemment tout forgé en faveur de l'Université. Puisqu'il est si fort universitaire, le ministre devrait d'abord songer à ces douloureux débuts dans la carrière du professorat. Une notable augmentation d'appointements s'impose, avant tout, comme une mesure de rigueur. Puis, il conviendrait que ce système d'espionnage, toujours en vigueur, et que le *Constitutionnel* relève vertement, ne trouvât plus aussi facile accès au ministère. Il y a, en province, une foule de tyranneaux universitaires, gens d'une autre époque, à qui manquent la poudre, les bas chinés et les souliers à boucle, qui font la loi dans leurs *localités* et désespèrent les débutants. Je ne demande pas, pardieu, qu'un échappé de la rue d'Ulm ait le droit de débarquer à Sisteron ou à Forcalquier avec un béret rouge, une pipe culottée et des allures de bousingot. Encore faudrait-il ne pas imposer à ces jeunes hommes une discipline de cloître. Ne leur faites pas, matériellement et moralement, la vie impossible. Plus d'argent et moins de petites niaiseries!

# TABLE

|  | Pages. |
|---|---|
| La Mort d'une Cocodette. | 1 |
| Un Noble Exemple | 9 |
| Un Souvenir. | 16 |
| La Saint-Charlemagne. | 24 |
| Berryer | 31 |
| Gobseck et C$^{ie}$ | 40 |
| Le Cas de M$^{me}$ de Montifaud. | 48 |
| La Vieille Vagabonde. | 56 |
| Les Incompris | 64 |
| Le Comédien Taillade | 72 |
| Le Mariage d'une Courtisane | 80 |
| Les Labadens. | 86 |
| Le Pantalon rouge | 95 |
| Le Pion | 103 |
| Léon Gambetta. | 111 |
| Chronique du Monde. | 119 |
| Un Scandale | 128 |
| Une Traversée. | 135 |
| L'Épidémie | 142 |
| Le Trimestre du Plaisir | 149 |
| Le Bout de l'An. | 157 |
| La Folle | 164 |
| La Maison de Lamartine. | 171 |
| Les Femmes de lettres | 179 |
| Les Monstruosités légales | 185 |
| Les Mauvais Prêtres | 192 |
| A Monseigneur l'Évêque de Versailles. | 200 |
| Le Vers latin | 208 |
| Saynète | 217 |

|   |   |
|---|---|
| Un Juif | 225 |
| Albert Delpit | 233 |
| Madame O'Connell | 240 |
| Le Deuil des Comédiens | 249 |
| Inamovibles, Amovibles et Assermentés | 257 |
| Une Profanation | 266 |
| L'Expérimentalisme | 276 |
| M. Zola | 287 |
| Une Mondaine | 296 |
| A Mademoiselle Marguerite, *domicile inconnu* | 303 |
| Le Professeur | 311 |

## PUBLICATIONS RÉCENTES DE LA LIBRAIRIE E. DENTU

### Collection gr. in-18 jésus à 3 fr. et 3 fr. 50 cent. le vol.

| | Vol. | | Vol. | | Vol. |
|---|---|---|---|---|---|
| **GUSTAVE AIMARD** | | **CHARLES DESLYS** | | **HECTOR MALOT** | |
| Les Vauriens du Pont-Neuf | 3 | Le Serment de Madeleine | 1 | Le Docteur Claude | |
| Le Chasseur de Rats | 2 | La Dot d'Irène | 1 | Cara | |
| Les Coupeurs de Routes | 2 | Sœur Louise | 1 | Sans Famille | |
| **ALBÉRIC SECOND** | | **CHARLES DEULIN** | | **CATULLE MENDÈS** | |
| Le Roman de deux Bourgeois | 1 | Les Contes de ma mère L'Oye | 1 | Les Folles Amoureuses | |
| | | Contes du roi Gambrinus | 1 | La Demoiselle en Or | |
| **PHILIBERT AUDEBRAND** | | Histoire de Petite ville | 1 | **CHARLES MÉROUVEL** | |
| César Berthelin | 1 | **E. ENAULT** | | La Péche de la Générale | |
| L'Enchanteresse | 1 | Mlle de Champrosay | 1 | La Filleule de la duchesse | |
| **ALFRED ASSOLLANT** | | Gabrielle de Célestange | 1 | **XAVIER DE MONTÉPIN** | |
| Le plus hardi des Gueux | 1 | **H. ESCOFFIER** | | Le Chalet des Lilas | |
| Nini | 1 | La Vierge de Mabille | 1 | Le Médecin des Folles | |
| Le Vieux Juge | 1 | Chloris la Goule | 1 | Le Parc aux Biches | |
| **XAVIER AUBRYET** | | **XAVIER EYMA** | | **OSCAR NOIROT** | |
| Chez Nous et chez nos Voisins | | Les Amoureux de la Demoiselle | 1 | Gontran Delorme | |
| | | | | Le Prix d'un mari | |
| **ÉLIE BERTHET** | | **FERDINAND FABRE** | | **VICTOR PERCEVAL** | |
| L'Incendiaire | 1 | Barnabé | 1 | La Maîtresse de M. le Duc | |
| Le Sauvage | 1 | La Petite Mère | 4 | La dot de Geneviève | |
| Les Cagnards | 1 | **P. FEVAL** | | **PAUL PERRET** | |
| **ADOLPHE BELOT** | | Le Chevalier de Keramour | 1 | L'Âme murée | |
| Une Joueuse | | Douze Femmes | 1 | Hors la Loi | |
| La Sultane parisienne | 3 | **OCTAVE FÉRÉ ET E. MORET** | | **CAMILLE PÉRIER** | |
| Les Étrangleurs | 2 | Le Médecin confesseur | 1 | La Pomme d'Ève | |
| **F. DU BOISGOBEY** | | Les Millionnaires de Paris | 1 | **PONSON DU TERRAIL** | |
| Les deux Merles de M. de Saint-Mars | 2 | **FERVAQUES** | | Les Voleurs du Gr<sup>d</sup> Monde | |
| La Vieillesse de M. Lecoq | 2 | Durand et Cie | 2 | Le Filleul du Roi | |
| L'Épingle rose | 3 | Sacha | 1 | **TONY RÉVILLON** | |
| **GONTRAN BORYS** | | **ÉMILE GABORIAU** | | La Séparée | |
| Le Cousin du Diable | 2 | Le Petit Vieux des Batignolles | 1 | Noémi | |
| Le Beau Roland | 2 | L'Argent des Autres | 2 | **MARIUS ROUX** | |
| **ALEXIS BOUVIER** | | La Corde au Cou | 2 | La Poche des Autres | |
| Le Domino Rose | 1 | **L. M. GAGNEUR** | | Eugénie l'Amour | |
| **ÉDOUARD CADOL** | | Les Crimes de l'Amour | 1 | **ÉMILE RICHEBOURG** | |
| Rose | 1 | Les Droits du Mari | 1 | Andréa la Charmeuse | |
| Le Cheveu du Diable | 1 | Les Vierges Russes | 1 | Deux Mères | |
| **CHAMPFLEURY** | | **EMMANUEL GONZALÈS** | | La Dame voilée | |
| Le Secret de M. Ladureau | 1 | La Servante du Diable | 1 | **PAUL SAUNIÈRE** | |
| La Petite Rose | 1 | La Vierge de l'Opéra | 1 | Le Legs du Pendu | |
| **EUGÈNE CHAVETTE** | | **GOURDON DE GENOUILLAC** | | Flamberge | |
| Aimé de son Concierge | 1 | L'Homme au Veston bleu | 1 | Mamzell' Rossignol | |
| Nous mations Virginie | 1 | Une Vie d'Enfer | 1 | **AURÉLIEN SCHOLL** | |
| Le Roi des Limiers | 1 | **CONSTANT GUÉROULT** | | Les Amours de Cinq minutes | |
| **JULES CLARETIE** | | L'Héritage tragique | 2 | Fleurs d'adultère | |
| La Maison Vide | 1 | La Tabatière de M. Lubin | 2 | **ANAÏS SÉGALAS** | |
| Le Train 17 | 1 | **ROBERT HALT** | | Les Mariages dangereux | |
| Le Troisième Dessous | 1 | Le Roman de Béatrix | 1 | **A. SIRVEN ET LE VERDIER** | |
| **E. D'AMÉZEUIL** | | Le Cœur de M. Valentin | 1 | Le Jésuite Rouge | |
| Miss Putiphar | 1 | Le Dieu Octave | 1 | **LÉOPOLD STAPLEAUX** | |
| **ERNEST DAUDET** | | **CH. JOLIET** | | Les Viveuses de Paris | |
| Petite Sœur | 1 | Les Filles d'Enfer | 1 | Les Cocottes du gr<sup>d</sup> Monde | |
| Jean Mary | | Roche d'Or | 1 | **PIERRE VÉRON** | |
| Le Père de Jeanne | | **ARMAND LAPOINTE** | | Le nouvel Art d'aimer | |
| **ALPHONSE DAUDET** | | Bataille d'Amoureuses | 1 | Paris vicieux | |
| Jack Raimont | 1 | Les Sept Hommes rouges | 1 | **VICTOR TISSOT ET AMÉRO** | |
| | 2 | **JULES LERMINA** | | La Comtesse de Montrelou | |
| | | Les Loups de Paris | 3 | Les Mystères de Berlin | |
| **GEORGES DUVAL** | | Les Mille et une Femmes | 2 | **PIERRE ZACCONE** | |
| | | **A. DE LESCURE** | | L'Homme des Foules | |
| | 1 | La Dragonne | 1 | La Vie à outrance | |
| Abraham | | Mademoiselle de Cagliostro | 1 | Le Fer Rouge | |

Paris. — Imp. de E. Donnaud, rue Cassette

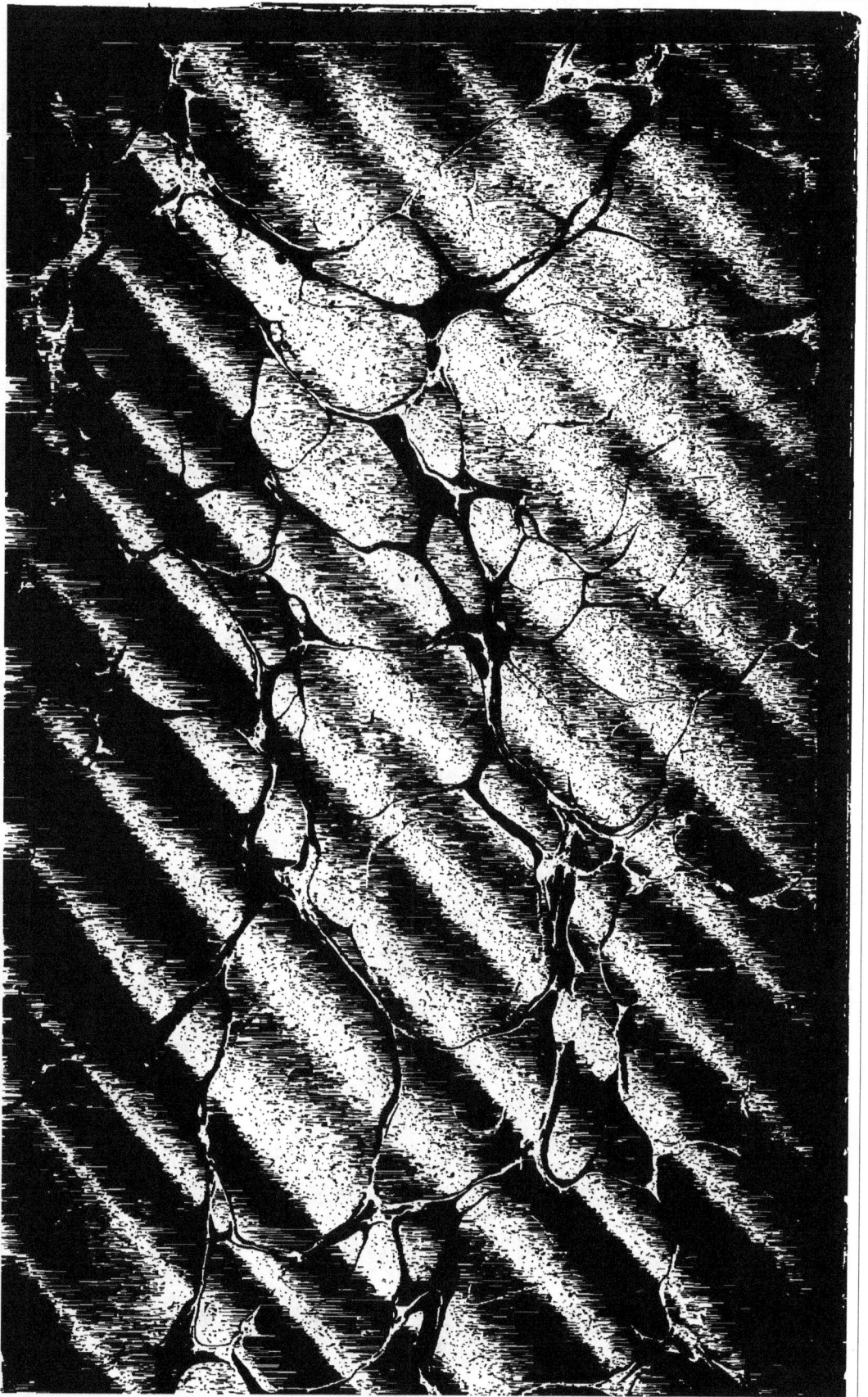

www.ingramcontent.com/pod-product-compliance
Lightning Source LLC
Chambersburg PA
CBHW072020150426
43194CB00008B/1192